別裝了，

你就是

What kind of person are you!
I know

這樣的人！

人只有在獲虜時，最誠實，在他人面前，都是虛偽粉飾的。

確實如此，在這個強調包裝、行銷的年代，每個人的臉上經常戴著虛假的面具，做出矯飾的舉動，有的人為了達到目的，甚至以亮麗的外表、動人的言詞矇騙別人的耳目。

想要一眼把人看到骨子裡，想要瞬間洞燭對方的心裡究竟想什麼，其實並不困難，重點就在於是否掌握察言觀色的看人法則。

只要懂得如何看人，就不會被表面的言行舉止迷惑，一眼看穿對方的底細。

・出版序・

把人看到骨子裡的看人智慧

人是世界上最複雜的動物，要想從外表的言行對一個人獲得真正的瞭解，是一門艱深的學問。

莎士比亞曾經在著作裡如此寫道：「一個人可以儘管滿臉都是笑，骨子裡卻是殺人的奸賊。」

的確，在這個「詐者生存」的時代裡，有些人為了達到自己的目的，往往會在臉上戴著菩薩的面具，但骨子裡卻幹出魔鬼的勾當。

如果你太過天真，不仔細摸清出現眼前的對象究竟是什麼樣的人，就很容易遭到蒙騙，被對方塑造的假象牽著鼻子走，成為人性戰役中的輸家。

要知道對方是什麼樣的人，要瞭解一個人的脾氣和性格，應該從研究別人的情緒反應著手。要測知別人的反應，必須懂得一個察看反應情緒的臉部變化和身體動作——即為行為語言。

一個人內心深處的盼望與真實目的，一定會不經意地透過肢體動作表現出來。

這是因為人們心裡想說的話，無法直截了當說出來，才會無藉由各種小動作來表達。

從一個人的肢體語言傳達，我們可以迅速研判出對方是友好的或是狡詐、充滿敵意的；具有這種觀察能力，在人際關係中就可以無往不利。

如果我們平時詳加觀察週遭人物的肢體動作，久而久之就能揣測出他們最真實的心理狀態。

注意他的一切姿勢，他的語調的改變，以及他的音調聲色的改變！注意他四肢的動作，他眼睛的神色，同時注意他的一切表情！

如果你把握住了這些線索，還是看不出對方的全部個性。那麼，還需進一步做些什麼觀察呢？

你要猜度對方的心理，是什麼東西讓他覺得可怕，什麼東西使他憤怒，什麼環

境使他覺得很愉快。其次，是什麼事情會引起他的自得，什麼東西才能吸引他的全部注意力。只要把上面這些問題試著記熟，照著去觀察對方，必然可以發現和認識得更多。

假如找不到一個實驗的環境，你不妨自己創造一個新的環境，或是提幾個與實驗相關的問題。例如你讚賞他幾句，挑撥他幾句，譏笑他幾句，故意斥責他幾聲，然後觀察他的動作和面部表情如何，他情緒的泉源潛伏在何處。

隨時注意他反應出來的表情和語句，其中含有什麼樣的意向。這樣，你對他自然會有更深刻的認識。

科學的看相方式，自然是識人察人應當學會的重要本領，尤其在選擇人才的時候，切不可輕視這門學問。你對人認識得越清，就越能保證選到公司所需要的真正的人才。

作家魯賓斯坦曾說：「如果你想知道對方是什麼『貨色』，千萬別只看他外表包裝得如何精美，而是要懂得拆開那些精美的包裝。」

的確，在這個不懂得包裝，就無法將自己推銷出去的社會，虛有其表、裝模作

樣、「說一套，做一套」的人到處都是，想知道對方究竟是什麼樣的人，千萬別被他洋洋灑灑、圖文並茂的「履歷表」迷惑，只要觀察他的言行舉止，就可以看出他的底細。

當然，人是世界上最複雜的動物，要想從外表的言行對一個人獲得真正的瞭解，是一門艱深的學問，需要在實踐的具體操作中反覆的實驗、學習、總結。社會上的詭計到處都是，利用人心弱點所設下的陷阱和騙術，更是五花八門；懂得運用身體語言的概念，來洞悉別人內心深處所隱藏著的意志和感情，將有助於我們更加了解人性，提防自己在人性叢林中受騙上當。

●本書是《我知道你就是這種人！》全新增訂版，謹此說明

客觀評判，才不會看走眼

臉面就是最好的名片

瑞典人、德國人、義大利人的臉部特徵各不相同，但歸根究柢，他們都是同一支族群的後裔，是「漂變」塑造出形形色色的臉孔。

PART 4 眉毛是判斷性格的重要指標

← 眉毛同時上揚或者相互趨近，表示嚴重的煩惱和憂鬱，慢性疼痛病癥的患者便經常如此。

PART 5　體格透露著你的性格

決定身材好壞最重要的一點為「是否協調」，在透過身材來觀察人的同時，一定要結合各種因素一併考慮，才不會失之偏頗。

觀察，就是最好的識人方法

PART 6

注意對方的日常習慣動作

PART 7

談話時喜歡和他人目光接觸的人，無疑是主動向對方展示自己的內心。

PART 8

從興趣看出更多內心訊息

多愁善感的女性給人一種很需要受到重視的感覺，對於那些憐香惜玉的男人來說，具有很大的魅力。

PART 9 收藏展現自身的生活追求

喜愛收集衣服飾物的人，大都愛打扮、喜歡揮霍，想透過外表使自己成為眾人矚目的焦點。

PART 10

準確識人，才能遠離小人

僅僅憑外在條件就對一個人下定語，往往是不靠的，也是不可取的。

01

What kind of person are you!
I know

做個讀懂人心的聰明人

想要瞬間讀懂人心，其實並不困難。即便是初次相見的陌生人，你都可以憑第一印象抓出對方的目的與可能隱藏的個性、心思。

做個讀懂人心的聰明人

想要瞬間讀懂人心，其實並不困難。即便是初次相見的陌生人，你都可以憑第一印象抓出對方的目的與可能隱藏的個性、心思。

一個人不管如何遮掩，內心深處最真實的一面，一定會透過表情、情緒反應、肢體動作和特殊偏好顯現出來，想在這個爾虞我詐的社會行走，就必須具備讀人讀心的重要本領。透過細膩的觀察，我們就可以迅速研判出對方心裡正在想什麼，是不是口是心非或言不由衷；提高自己的觀察與判斷能力，在人際關係中就可以無往不利。

心理學家愛德華．赫斯博士曾說：「想要看透一個人，不要只會用耳朵去聽他說些什麼，而是必須用眼睛去看他做些什麼。」

這是因為，一個人的真正心思，往往會在做了言不由衷的事情之後暴露出來。

想要瞬間看透一個人，就不能光看他表現出來的那面，也不能光聽他說出來的話，而要從細微之處看穿他極力掩飾的另一面，以及藏在心中沒說出來的真正心思。

想要把人看透的秘訣並不困難，重點就在於你是否懂得口是心非的人性。想要知道對方是什麼樣的人，想瞬間讀懂對方的心思，就千萬不能只用耳朵判斷，必須用眼睛仔細觀察他的一舉一動。

人與人之間，免不了必須進行溝通、互動。

從家庭、學校、職場，甚且社會，一個人的「成長」，說穿了就是透過不斷與他人相處從而逐漸改變、成熟的過程。

不妨想想，一天二十四小時之內，可能會碰上哪些人呢？想來數目應該不少！其中必定有已經相互熟識的，但也有可能是完全陌生卻不得不打交道的。無論面對哪一種，你有把握地與他們進行良好的互動，順利完成自己的期望與目的，而不使自身權益受損嗎？

回想一下過去的經歷，恐怕絕大多數人的答案都偏向於否定。

想要瞬間讀懂人心，其實並不困難。即便是初次相見的陌生人，你都可以憑第一印象抓出對方當下的目的與可能隱藏的個性、心思，且屢試不爽。不用懷疑，事實上，這就是「讀心術」的巧妙之處。

阿諾德曾說：「透識一個人的最快速方法，就是將他全身剝光，讓他赤裸裸地站在眾人面前，然後再看他做出什麼反應。」

因為，如果這個被「剝光」的人，是一個行事光明磊落的君子，沒有什麼不可告人之事，那麼他就不會在眾人面前驚慌失措，如果這個被「剝光」的人，是一個專門幹無恥勾當的小人，那麼當他赤裸裸地站在眾人面前，就會手足失措，深怕自己的馬腳會不小心曝露出來。

唯有冷靜觀察對方的肢體語言，對細微變化旁敲側擊，我們才能真正掌握一個人的真實內在。

人是最擅長偽裝的動物，現實生活中道貌岸然的小人很多，如果你不想老是受他們宰割，那麼就得放聰明一點，才不會老是受騙上當。

我們遭遇的人，可能比我們想像中正直，也可能比想像中陰險，交往之前必須

先摸清對方的人格特質與心理需求。從一個人所傳達的肢體語言，我們可以迅速研判出對方是友好的或是狡詐、充滿敵意的；具有這種觀察能力，在人際關係中就可以無往不利。

人人都有個性，影響著他們的思想、喜好，進而決定他們表現在外的所有行為，只要不刻意掩飾——其實，就算用盡心機，還是會有小小的「馬腳」露出來，瞞不過真正懂得讀心的聰明人。

學會從小地方看人性，你必定可以得到很大的實質收穫，無論面對上司、同事、下屬、客戶、朋友、家人，都將立於不敗之地。為什麼呢？原因很簡單，因為你已經完全把他們的心思掌握在手裡。

看穿對方弄什麼玄機，就能佔盡先機

讀懂人心，才不會把敷衍的謊言當作真誠；讀懂人心，才不會誤解他人的本意
而坐失良機，才能防範那些不懷好意的人。

現代社會瞬息萬變，其中最難琢磨、最難看透的，無疑就是人心。

然而，不管願不願意，活在現代社會，我們每天還是得與形形色色的人打交
道。這些人當中，有各種領域的朋友、競爭對手，甚至是陌生人……由於每個人的
生長環境和後天經歷不同，性格、心理也都不一樣，行為模式自然會出現差別。

此外，由於與生俱來的人性弱點，不論是出於自我保護或征服他人，或是在利
益、壓力趨使之下，每個人都會戴上不同面具，或深或淺地把真實的自己隱藏起
來，不讓別人洞悉內心的秘密。

因此，如何在最短的時間內識破一個人，洞悉他深藏不露的內心玄機，辨別他的本質，已經成為現代人適應社會、認清環境、建立人際網絡和成就事業必備的生存技能。

每一個人的內心都是有蹤跡可尋、有端倪可察的，即使掩蓋得再嚴實，也會在各種動作細節上不經意地流露出來。言詞能透露一個人的品格，表情和眼神能讓我們窺測對方內心，坐姿、手勢也會在毫不知覺中出賣它的主人……透過這些「蛛絲馬跡」，我們就可以全面而準確地分析對方，進而在與對方互動過程中迅速準確地看透對方的心理。

在日常生活當中，只要留心觀察，就能從一個人的外貌、肢體動作、聲音和行為上歸納出他的肢體語言和行為模式。觀察分析的人多了，就能夠練就瞬間讀懂人心的高超技巧。

唯有讀懂人心，才不會把敷衍的謊言當作真誠；唯有讀懂人心，才不會誤解他

人的本意而坐失良機；唯有讀懂人心，才能防範和疏離那些不懷好意的人。

懂得讀心術，可以使你擺脫無所適從的困惑；可以讓你具有認清環境和辨別他人的能力，使你在風雲突變之際，看透周圍的人與事、看破一個人的真偽、洞悉他人內心深處潛藏的玄機，在人生的旅途上更加從容。

臉部表情是內心世界的反映

人的喜怒哀樂是透過臉部肌肉活動的變化來表達的，臉部肌肉可以做出上百種不同的表情，準確地傳達出各種不同的內心情感狀態。

臉部表情是一個人心理活動最直接的反映，能夠準確地顯示出一個人的所思所想。透過表情窺探對方心理世界的律動，可以有效地把握對方情緒的變化。

人類的心理活動雖然非常微妙，但時常不經意間透過表情流露出來。人在歡欣喜悅時，會表現出高興的表情，臉頰的肌肉會鬆弛；憤怒時，會表現出扭曲誇張的表情；嫉妒時，會表現出輕蔑、不屑的表情；遇到悲哀的狀況，自然會黯然神傷、淚流滿面。

不過，想透過表情讀懂一個人的心理暗號，並沒那麼簡單。雖然表情相對於語

言更能傳遞一個人的內心動向，卻常會讓人判斷失誤。

一九七三年，美國心理學家拜亞曾經做過一項實驗，讓一些人用表情表現出憤怒、恐怖、誘惑、無動於衷、幸福、悲傷等六種感情，再將錄製的影帶播放給參與實驗的人觀看，請他們猜猜何種表情代表何種感情。

結果，平均每人只猜對了兩種表情，當表演者擺出憤怒的表情時，大多數觀看的人卻認為是悲傷的表情。

從這個事例上看，想透過表情推測他人的內心秘密，看似簡單，實際上並不容易。

要是對人的內心活動沒有相當程度的研究，很難探知人的真面目。

這是因為，出於自我保護的本能，人們往往學會了各種掩飾內心真實情感的手段，也知道在何種情況該掩飾何種表情，以避免被他人看透自己內心的真實感情。

因此，很多時候，人縱使內心世界波濤洶湧，也會偽裝成毫無表情，或者故意裝出某種相反的表情。

想要讀懂一個人臉部表情所隱藏的真實情緒，要注意以下幾方面：

‧沒表情不等於沒感情

生活中，我們有時會遇上一些人不管看到了什麼、聽到了什麼，都不露聲色，擺出一副沒有表情的臉孔。碰到這樣的人，難免讓人感到困惑、頭痛。

其實，沒有表情不等於沒感情反應，相反的，越是沒有表情的人，說不定內心的感情波動越豐富。就像越是風平浪靜的海面，下面越是暗流湧動。因此，我們要學會從中解讀隱藏的真實情感，不讓自己被這種表情欺騙了。

面無表情的人很多時候都在極力壓抑情感，努力使自己喜怒不形於色，但隨著內心情緒強度增加，臉部的肌肉若不變化，必然會呈現出不自然的表情，例如眼睛會瞪得很大，鼻孔會顯現皺紋，或在臉部出現抽搐現象。

所以，如果看見對方臉上忽然抽搐，那就表示在他的深層意識裡，正陷入激烈的情緒衝突。

此外，毫無表情有時候也可能是代表好意或者愛意的表情，尤其是女性。比如，女性對男性產生愛慕之心時，往往不好意思露骨地表現自己的愛意，於是在心

理抑制下，便常常表露出相反的表情，裝著一副對對方毫不感興趣的模樣。其實，這種表面上的不感興趣，有時正說明內心十分關心在意。

・憤怒、悲哀或憎恨至極點時，也會微笑

人們常說的「臉上在笑，心裡在哭」正是這種類型。縱然滿懷敵意，但表面上卻裝出談笑風生，一點也不在意的樣子。

之所以要這樣做，是因為覺得如果將自己內心的意念或想法毫無保留地表現出來，無異於違反社會法則，或是公開與對方決裂，甚至會眾叛親離，或者成為大眾指責的焦點，不得不做出相反的表情。

由此可見，滿天烏雲不見得就會下雨，燦爛笑著的人未必內心世界就充滿陽光。很多時候，人們苦水往肚裡嚥著，臉上卻是一副笑瞇瞇的樣子；反之，臉拉沉下來時，說不定心裡正在暗笑呢！

・左臉比右臉反映的訊息更可靠

我們都知道，人的喜怒哀樂是透過臉部肌肉活動的變化來表達的。人的臉部肌肉有數十塊，可以做出上百種不同的表情，準確地傳達出各種不同的內心情感狀態。

但是，卻很少有人注意過，人的臉部表情左右並不對稱，而表情變化通常是先由左臉開始的，這因為左臉是由右腦控制的緣故。

人的大腦分為左右兩半，發自內心的感情通常由右腦控制，具體反映在左臉上；而左腦則專司理智性感情（即經過克制和偽裝的感情），然後反映在右臉上。

因此，左臉的表情多半是真的，而右臉的表情則有可能是虛假的。想知道對方的真實感情，觀察對方的左臉會更可靠些。

• 注意臉部的重要線條

想要讀懂對方的心理密碼，就必須記住，臉上的某些區域對辨認某些情緒特別重要。對於悲傷與恐懼的情緒，眉毛及額頭就特別重要；至於厭惡與喜悅的情緒，則以嘴巴的表情最有意義。

只要抓住對方臉部幾個重要的線條，特別是眼部和嘴巴周圍的肌肉動作，就能

讀懂這個人隱藏在心裡的真實情感。

那麼，人的臉部究竟有哪些重要線條值得注意呢？

觀察嘴角的線條之時，應該注意嘴角是上揚還是下垂，嘴巴是張開還是緊閉。

眉眼處的線條也很重要，應注意眉毛是上揚還是下垂，眼角是上揚還是下垮，眼睛是睜大還是微瞇著。此外，還要注意額頭，眉毛上揚額間有橫紋，眉頭緊蹙則眉間有直紋。

忽略了這些細節，就無法捕捉到對方稍縱即逝的微妙情感。

‧抓住無意識情態

人的表情時常在隱瞞或偽裝自己，因此要探知一個人的真實情感是很困難的。

不過，當一個人表面上裝得若無其事，試圖隱藏、克制自己的情感時，心理線索仍然是有跡可尋的。

當一個人要控制發怒或忍耐不愉快的事情時，精神會繃得很緊，表情也會隨之僵化，甚至出現面部痙攣的情況。這種心理狀態就和吹脹的氣球類似，用手捏住一

個地方時，別的地方就會鼓起來。

一個人情緒高昂時，精神的緊張程度就會有所增加，這時如果內在的情緒無法宣洩、外露，肌肉就會變得緊繃，然後透過某些細節表現出來。例如，頻繁地皺眉、不停地眨眼、不正常的面部抽動、鼻尖出現皺紋等，這些都是被壓抑的情感在無意識地表露。

透過這些不協調的臉部表情，我們便可初步判斷出這個人正在隱瞞自己真實的情感。

抓住瞬間的細微表情

雖然人極力戴上「面具」來掩飾自己的內心，但臉部的細微表情還是會出賣自己，只要學會如何觀察人的表情，就可以讀懂潛藏在人心中的秘密。

謊言在生活中無所不在，因為謊言能掩飾人的真實想法，能避免沒必要的困擾，也可以欺瞞別人，或是博得別人的好感。然而，掠過臉上的細微表情，往往會暴露出這個人真實的感情。

想要看穿對方式不是說謊，關鍵在於對臉部和手部動作的觀察，特別要注意眼睛和嘴巴周圍肌肉的動作。當一個人說謊時，面目表情會不對稱、頻繁眨眼，當覺得自己撒謊成功時，嘴角則會微微上翹。

這種細微表情通常只持續不到〇‧〇五秒，只要細心留意，你就能抓住這種瞬

間即逝的「微表情」。

我們常認為一直注視我們說話，不移開眼光的人是真誠的，而說謊的人則不敢看著我們。實際上恰恰相反，因為當一個人試圖喚起自己的記憶或是整理思緒，通常會把目光暫時移開；而撒謊時，由於早有準備，根本不需喚起記憶，也不用整理思緒，目光自然不會移動。

所以，越是心裡「有鬼」的人，越會貌似真誠看著我們說話。

還有些人經常「睜著眼說瞎話」，明明清楚對方提出的問題，卻說「我怎麼知道」，只要仔細觀察，就不難發現，他的一邊眉毛多半正往上揚。

雖然人極力戴上「面具」來掩飾自己的內心，但臉部的細微表情還是會出賣自己，只要學會如何觀察人的表情，就可以讀懂潛藏在人心中的秘密。

下面就介紹一下透過表情讀心的方法：

• 僵硬的表情

有這種表情的人的臉上肌肉麻木，面無表情，還充滿憎惡與敵意。一般情況下，他們是想以此種表情來掩蓋自己的真實情緒。

· 厭煩的表情

厭煩的表情主要的外在表現包括歎氣、伸懶腰、打哈欠、東張西望、看時間、表情無奈等。如果厭煩型表情沒有得到理解，煩躁的情緒慢慢積累下來，很可能發展為焦慮。

· 焦慮的表情

焦慮的表情的外在表現是用手指不斷敲打桌面、雙手互捏、小腿抖動、坐立不安……等等。

· 興奮的表情

興奮的表情的外在表現為瞳孔放大、臉頰泛紅、搓手、輕輕跳躍等等。

· 欺騙的表情

如果對方喋喋不休，但語義卻不連貫，尤其平時是個沉默寡言的人，那麼就代

表他多半想隱瞞什麼。另外，下意識地摸下巴、玩弄衣角，或將手藏在背後，都是欺騙之時常見的表情。

・高傲的表情

高傲的表情的外在表現就是眼睛瞇起、頭向後仰、俯視對方或者雙手抱胸、斜視、手叉腰、歪著頭等等。如果一個人做出這種表情，則表示內心倨傲，對別人不屑一顧。

・愉快和不愉快的表情

愉快的表情在日常生活中很容易被捕捉到，特點是：嘴角拉向後方，臉頰往上抬，眉毛平舒，眼睛變小。不愉快的表情特點是：嘴角下垂，臉頰往下拉，變得細長，眉毛深鎖，皺成「倒八」字。

當然，透過臉部表情來判斷一個人的內心和情緒，還須結合當時的情境進行分析，因為有些人的表情可能是刻意裝出來的，有些則只是習慣性動作，必須深入觀察。

走路姿勢折射內心世界

一個人的心情不同，走路的姿勢也就不同；每個人的個性不同，走起路來的姿態也各有差異。觀察他人的走路姿態，就可從中透視其內心世界。

走路是我們每天都要做的事情，就像呼吸空氣一樣稀鬆平常，會藏有什麼玄機呢？

英國心理學家莫里斯經過研究，發現了一個有趣的現象：在人體的各個部位中，越是遠離大腦的動作，越可能表達一個內心的真實感情。

如果從臉往下看，手位於人體的中間偏下部位，誠實度可以算中等，但研究發現，人或多或少會利用手來說謊。至於雙腳，則離大腦的距離最遠，相形之下，要比其他部位「誠實」得多。

因此，雙腳的動作能夠洩露獨特的心理訊息，對探究一個人的心理層面有著特殊的意義。

中文裡有很多用來描述腳部動作的詞語，例如輕、重、緩、急、穩、沉、亂等，這些形容詞雖是描寫腳步，事實上也描述人的心態穩定或失衡、恬靜或急躁、安詳或失措等。

一個人的心情不同，走路的姿勢自然有所不同；每個人的秉性不同，走起路來的形貌也各有差異，如循規蹈矩之人的走路姿態，與積極上進之人的走路姿態絕對大相徑庭。

因此，行為學家明確指出：「在一般情況下，要判斷對方的思想個性如何，只要讓他在路上走走，就可以大致瞭解了。」

這種分析具有一定的準確性和科學性，只要透過觀察一個人的走路姿態，就可從中透視內心世界。

・抬頭挺胸的人

這種人大多比較自信，自尊心也較強，但有時過於自負，妄自尊大，顯得孤傲。他們凡事只相信自己，習慣主觀臆斷，對於人際交往較為淡漠，經常孤軍奮戰。這樣的人思維敏捷，做事有條不紊，通常有不錯的形象，具有組織能力，能夠成就事業和完成既定目標。

• 步履矯健的人

這種人比較注重現實和實際，精明能幹，凡事三思而後行，不莽撞和唐突，不好高騖遠，無論事業還是生活，都能夠腳踏實地，一步一腳印地前進。步履矯健的人重信義和守諾言，不輕信人言，有自己的主見和辨別能力，是值得放心的人。

• 行色匆忙的人

遇到緊急情況，人會不顧一切地疾行，但如果任何時候都顯得匆匆忙忙，好像屁股著火似的，那就另當別論了。

這種人沒有耐性，個性急躁，處理事情雖然明快，但卻缺少必要的細緻，容易

草率行事。優點是，他們遇事從不推諉搪塞，勇敢正直，精力充沛，喜歡面對各種挑戰。

・弓身俯首的人

這樣的人給人最大的印象就是自信心不足，缺乏膽識與氣魄，沒有冒險精神。

他們個性平和內向，謙虛而含蓄，不喜歡華而不實的言詞，通常給人彬彬有禮的感覺。

這樣的人與人交往過程當中，不會過度表達自己的感情，顯得沉默冷淡，似乎對什麼都沒有興趣或熱情，但實際上他們很重視友誼，尤其對於知己拜託的事會全力以赴。

・翩翩若舞的人

走路時扭動腰肢、搖曳生姿，這種步態以女性較爲常見。這樣的女性大多心地善良、坦誠熱情，容易相處，在社交場合中頗受歡迎。

如果男性走路呈這種步態，左搖右擺，前顧後傾，則大多好裝腔作勢，做事沒有責任感，善於諂媚。

• 手足協調的人

走路時雙手擺動幅度規律，雙腳步伐固定，這種人對待自己非常嚴厲，不允許有半點的差錯和放鬆，希望自己的一舉一動都可以作為他人的榜樣。他們具有相當堅強的意志力和高度的組織能力，但容易武斷獨裁，讓周圍人畏懼、排斥。這樣的人對生命及信念固執專注，不易為別人和外部環境所動，為實現目的會不惜一切代價。

• 手足不協調的人

走路時，雙足行進與雙手擺動極不協調，步伐忽長忽短、時快時慢，讓人看了極不自在。這種人生性多疑，對什麼事都小心翼翼，瞻前顧後，責任感不強，做事往往有始無終，遇到困難就會選擇逃避。

・雙足內斂或外撇的人

這種人走路時雙足內斂或外撇，成八字狀，走起路來用力而急促，但是上半身卻維持不動。

這樣的人不喜歡交際，認為那是無聊的人才做的事情，不願意為此浪費時間和精力。他們通常頭腦聰明，做起事來總是不動聲色，常常給人意外的驚喜，但由於有隱藏的性格傾向，知心朋友並不是很多。

・心不在焉的人

因為心不在焉，所以走路步調混亂，沒有固定姿勢可言，有時雙手放進褲袋，雙臂夾緊；有時雙臂擺動，挺胸闊步。這種人的性情通常較為隨和，豁達大方、不拘小節，慷慨有義氣，可以成為好朋友，但與人爭執時，偶爾會誇大其詞，而且不肯讓人。

· 落地有聲的人

走路時胸膛挺起，舉步快捷，雙足落地時發出清晰的聲響，一副精神煥發的樣子。這種人志向遠大，積極進取，對未來充滿著美好的憧憬，而且理智與感情並重，做事有條不紊，規規矩矩。這類型的人心無城府，坦率真誠，想什麼就說什麼，人際關係頗佳。

· 文質彬彬的人

走起路來不疾不緩，雙足平放，雙手自然擺動，不忸怩作態。這種人性格溫順、保守，沒有遠大理想，喜愛平靜和一成不變。他們喜歡維持現狀，但遇事冷靜沉著，不輕易動怒。

· 橫衝直撞的人

走路飛快，不管是在擁擠的人群當中，還是獨自一人，一律橫衝直撞，從來不顧及他人的感受。這種人性情急躁，做事風風火火，但坦率真誠，喜歡結交朋友，

不會輕易做出對不起朋友的事。

・猶疑緩慢的人

走路時彷彿身處沼澤地似的，舉步緩慢，躊躇不前。這種人性格軟弱，行事謹慎，遇事總是思考再三，絕不冒險邁出第一步，結果往往錯失良機。不過，這樣的人憨直可愛，胸無城府，重視感情。

・慢悠悠走路的人

走起路來總是悠哉遊哉的，好似無所事事的樣子。這種人大多性格和緩，不喜歡與人競爭，凡事順其自然，沒有太高的追求，缺乏進取心。

・裝模作樣的人

走起路來左右搖擺，一副弱不禁風的樣子。這種人好故弄玄虛、裝模作樣，一遇到難題，不是推卸轉移就是不了了之，還不允許別人有半點對不起他們。這種人

為人奸詐虛偽，善於阿諛奉承，往往導致事業、愛情和生活上的失敗。

· 連蹦帶跳的人

走起路來手舞足蹈、一步三跳且喜形於色。這種人一看就知道沒什麼心機，對朋友能夠坦誠相待，不會隱藏自己的心思，雖然做事粗心大意、丟三落四，但慷慨好施、不求名利與享受、安分守己，因此人緣極好，朋友也不少。

每個人獨特的走路姿勢可說是具象的肢體語言，掌握了走路姿勢這門肢體語言，就等於掌握了更多的訊息，增強社會生存能力。

從小動作看出心理波動

每個人的舉手投足都反映了其心理和性格，尤其是那些不經意間下意識的小動作，更能真實的表現出一個人內心的心理波動。

行為心理學家認為，每個人的舉手投足都一定程度反映了自身的心理和性格。

正因為如此，平時我們可以透過一個人的一舉一動透視他內心的變化，尤其是那些不經意出現的小動作，更能真實表現出一個人內心的心理波動。

・時常搖頭晃腦

日常生活中，我們常會用「搖頭」或「點頭」來表示自己對某件事情持肯定或否定的態度，但如果一個人沒事卻經常搖頭晃腦的，一般人或許會認為他不是得了

「搖頭病」，就是精神有問題。

其實，從行為心理學的角度來看，這是一種對自己特別自信，甚至唯我獨尊的表現。

這類人雖然也會拜託別人幫忙做事，但很多時候即使別人做得再好，他都不會覺得滿意，因為他有自己的一套做事方式，請別人幫忙，不過是想從別人做事的過程中獲取啟發或靈感而已。

他們在社交場合很會自我表現，因此常遭致別人反感，但他們對事業一往無前的精神倒是很令人欣賞。

・邊說邊笑

與這種類型的人交談會讓人覺得非常輕鬆愉快，因為他們的「笑神經」特別發達，不管自己或別人說的話是否有趣都會發笑，有時甚至連話都還沒講完，就笑起來了。

這類人大多性格開朗，對生活要求不太苛刻，懂得「知足常樂」，而且特別富

有人情味，無論走到什麼地方總是有極好的人緣。這對他們開拓事業本來是極好的條件，可惜這類人多半喜愛平靜的生活，缺乏積極向上的精神。

這類人的另一個特點是對於感情相當專一，對愛情和親情特別珍惜，但容易感情用事。

· 擠眉弄眼

這種人不管是在兩人世界還是大庭廣眾之下，都習慣擠眉弄眼。

這種人言行輕浮，缺乏內涵修養，在戀愛和婚姻上也總是喜新厭舊。

不過，這類人特別會處理人際關係，儘管他們略顯自戀，但卻擅長掩蓋本身的缺點。在事業上，他們善於捕捉機會，深得上司的賞識。

· 腿腳抖動

喜歡抖腳的人，不管任何時候，總喜歡用腳或腳尖使整個腿部顫動，有時候還會用腳尖或者以腳掌拍打地面。有這種習慣的人最明顯的表現就是自私，凡事都從

利己出發，很少考慮別人，對別人很吝嗇，對自己很大方。

不過，這種人很善於思考，見解獨到，經常能給周遭朋友提出一些意想不到的建議。

・邊說話邊比手勢

與人談話時，有些人只要一動口，一定會伴隨著一些手部動作，如拍打掌心、伸出拳頭、擺動手指、攤開雙手等等，以此強調自己的說話內容。

這種人做事果斷、雷厲風行、自信心強，不管在任何場合，都習慣於把自己塑造成一個領導型人物。這類型的人，性格大都屬於外向型，對朋友真誠，但不會輕易把別人當成知己。

・拍打頭部

雖然同樣拍腦袋，但仔細觀察就會發現，不同的人拍打腦袋的部位有所不同，

這個動作大多數時候是在表示懊悔和自我譴責。

有的拍後腦勺，有的拍前額。

習慣拍打後腦勺人，比較冷酷、苛刻，不太注重感情，理性思維能力較強，愛利用別人，而且一旦對方失去了利用價值，就會把他一腳踢開，因此人緣不好。但這類人比較聰明，思想獨特，做事有主見，勇於創新，積極開拓，對新事物有大膽嘗試的精神。

習慣拍打前額的人坦率、真誠，富有同情心，樂於助人，凡事會多替朋友著想，絕不會在朋友之間要心計。這種人心直口快，心裡藏不住秘密，因此常常被人誤會，不過他們並沒有歹意。

• 觸摸頭髮

經常時不時地抹抹自己頭髮的人，大多個性鮮明而又突出，愛恨分明，對於是非善惡總是分得清清楚楚。

這種人很善於思考，能夠透過生活中的某些細節尋找和製造機會，以發展和完善自己。他們具有一定的膽識和魄力，喜歡拼鬥和冒險，勇於去做別人不敢做的

事，不在乎事情的結局。此外，他們也特別會處理人際關係，很容易贏得人心。

· 抹嘴、捏鼻

習慣於抹嘴、捏鼻的人，愛好譁眾取寵，喜歡捉弄別人，卻又「敢做不敢當」。

這種人沒有主見，很容易受人支配。

· 喜歡躲在角落

有一種人，不管在什麼地方，都喜歡躲在角落裡，這種類型的人有著自卑心

理，參加各種會議或聚會，總是找最偏僻的角落坐下。

這種人性格有些執拗，喜歡跟別人唱反調。要調動這種人工作積極性的唯一辦

法就是表揚他們，讓他們感覺到自己還是有很多長處和優點。

· 掰手指節

通常，這類人思維敏捷，口語表達能力不強，但書面表達能力相當不錯。

習慣於旁若無人把自己的手指掰得咯嗒咯嗒咯嗒響的人，不但精力旺盛，非常健談，還喜歡賣弄，常依仗自己的才識及思維邏輯能力，將別人的話或文章評論得一無是處。

這類人對事業、工作的環境很挑剔，但如果是他們喜歡做的事，則會不計較任何代價，踏實努力地去完成。

・雙臂合抱

面對陌生人的時候，有些人會雙臂合抱的姿勢，特別是在公開集會上，排隊或電梯裡，以及使人感覺不自在、不安全的場合。因為雙手往胸前一抱，就構成了一道阻擋威脅或不利情形的有利屏障。

習慣做這種動作的人，往往神經緊張、極度消極，有時甚至充滿敵意。

這種姿勢不僅是一種防禦性的姿勢，還代表對眼前的人有排斥感。日常生活中與他人交談時，若看到對方雙臂緊抱胸前，就應該意識到對方不同意自己說的話。

這時，儘管對方嘴裡表示贊同，但你如果還堅持原來的論點，繼續講下去將毫無意

義。

• 死死地盯住別人

這種人的特點是，與別人談話時目不轉睛地看著別人，在聚會上也常常盯住別人不放。

這種人的支配慾特別強，大多數的時候，他們確實又都有某種優勢，因此只要有機會，他們就會向別人顯示自己。他們的行為時常看起來很不禮貌，但有一點值得肯定，他們選定了人生的目標就一定會去努力。

這種人不喜歡受約束，通常我行我素。

• 常常低頭

時常低頭的人個性拘謹、內斂，不論什麼場合都不會突顯自己。這種人處事愼重，交朋友也很謹愼，討厭過份激烈、輕浮的事，屬於孜孜不倦勤勞型。

・雙手插在口袋裡

兩腳自然站立，雙手插在口袋裡，時不時把手伸出來又插進去的人，性格比較謹慎，凡事想的比做的要多。正由於想太多，做事瞻前顧後，行動往往畏首畏尾。

這種人沒有承受失敗的良好心理素質，容易心灰意冷，怨天尤人。

一個人內在的性格和心理會透過外在的語言和肢體動作表現出來，雖然有的人不願讓人看穿內心的秘密，常常掩飾自己的言行舉止，但是不經意間形成的習慣動作還是會「洩露」出內心的秘密。所以，仔細認真地觀察一個人習慣性的肢體動作，你就會發覺隱藏於其中的玄機。

從言談聽出對方的「弦外之音」

言談是一個人品性、才智的外露，透過言談和聲音，能夠從人的慾望、抱負和經驗分析上進一步瞭解一個人，從而達到窺探對方的內心世界的目的。

一個人心中的意思，往往會從話語之中流露出來，想瞭解別人的內在心理，就必須用心去洞察。

透過言談探索對方的深層心理，方式有兩種：一是根據話題內容來推測對方的心理；二是根據談話方式洞察對方的深層心理，瞭解對方的個性特徵。

要瞭解對方的性格和內心動態，最容易著手的辦法，就是觀察話題和說話者本身的相關情況。

言談話語是瞭解人的重要途徑，但是，一般人通常有種錯誤的想法，認為只要從彼此談話的內容，就能知道對方的興趣和關心的事物。事實上，人類的心理問題並不見得如此簡單，要想透過言談去瞭解一個人的性格特徵和內在心理，就要從談話姿態和話題上入手。

分析判斷一個人的言語，是洞察心理奧秘的有效方法。

言語是情感的表達，是思想的外在表現形式，大部分時候，借助語言的力量，人們才得以把自己內心的見解和心理活動狀態呈現出來，所以我們可以從一個人的言談中窺探他的真實想法。

如果一個人說不清楚他想要表達的意思，卻露出誠懇可信的神色，那麼他之所以說不清楚，是因為不擅於口頭表達。如果一個人說話時，語氣非常愉快，但是臉上卻沒有相對應的神色，那麼他的話就是違心之語。

如果一個人話還沒說出口，已經怒氣沖沖了，那麼心裡一定是非常憤怒的。如果說話時斷斷續續，但是憤怒的神色顯而易見，那麼他無疑是在強行忍耐。

以上這些不同種類的情況，說話者的真實心理已經顯示出來了，即使他想掩飾，別人從他的神色上也能看出來。

言談是一個人品性、才智的外露，透過言談和聲音能夠從人的慾望、抱負和經驗分析上進一步瞭解一個人。

下面的幾點是透過察言而洞察人心的具體辦法：

· 在正式場合中發言或演講，一開始時就清喉嚨的人，大多處於內心緊張或不安狀態。

· 說話時不斷清喉嚨，改變聲調的人，說明內心存在著某種焦慮。

· 有的人清喉嚨，則是因為對問題遲疑不決，需要繼續考慮，一般有這種行為的男人比女人多，成人比兒童多。兒童緊張時一般是結結巴巴，或吞吞吐吐地說「嗯」、「啊」，也有的會習慣性地反覆說「你知道……」

· 故意清喉嚨則是對別人的警告，表達不滿的情緒，意思是說：「如果你再不聽話，我可要不客氣了。」

- 口哨聲有時是瀟灑或處之泰然的表示，但也有些人會以此虛張聲勢，掩飾內心的惴惴不安。

- 內心不誠實的人，說話聲音支支吾吾，這是心虛的表現。

- 內心卑鄙乖張的人，心懷鬼胎，聲音會陰陽怪氣，令人不舒服。

- 心中別有企圖的人，說話時常有幾分愧色。

- 情緒起伏之時，就容易有言語過激之聲。

- 內心平靜的人，聲音也會心平氣和。

- 心內清靜之人，言談自有清亮和平之音。

- 誣衊他人的人，說話閃爍其詞；沒有操守的人，言談吞吞吐吐。

- 內心浮躁的人，說話總是喋喋不休，沒完沒了。

- 心中有疑慮，心思不定的人，說話總會模稜兩可。

- 善良溫和的人，話語總是不多。

- 內心柔和平靜的人，說話總是平柔和緩，極富親和力。

可以沉默，不該過度退縮

> 沉默內斂是好的，但不可壓抑過度，若是變得退縮憂傷，那就不好了。

沉默的男性：有內涵

有的男性不太喜歡說話，常常被人們當成「悶葫蘆」。事實上，不常開口，是因為他們懂得「沉默是金」和「禍從口出」的道理，因此寧可不動聲色，不用語言與別人對抗。

這樣的男性表面上很溫和，內心卻非常剛強。由於不會引火自焚，又懂得沉默是金的道理，多能夠成就大事，家庭也較幸福。

日常生活中，確實有許多不能談論的話題，不喜歡說話的人便可以藉此避免出言不當可能引來的不便與紛爭。

從表面上看，這類男性常常是心如古井，看不到半點小漣漪，更不要說劇烈的波濤起伏了。

第一次與這樣的男性見面，往往不會留下很好的印象，女性初次與他們約會同樣不會產生好感。可是，隨著時間的推移，可以慢慢發現，沉默寡言的男性多是很有內涵的人，他們的話語具有智慧與份量。

才美不外露者，最有可能成就大事。

沉默寡言者絕非沒有過人處，只是將優點隱藏了起來。這樣的男性很少會直接對自己鍾情的女性說「我愛妳」，但他們會做出無私的奉獻。女性若能遇到這樣的男性，可說是一種福分。

憂傷的男性：沒前途

沉默內斂是好的，但不可壓抑過度，若是變得退縮憂傷，那就不好了。

一個人的精神狀態不佳，說明精、氣、神、血等方面存在著不同程度的問題。

沒有足夠的體能供給，思慮當然無法周密嚴謹，做出來的判斷極有可能不符合實際

情況，即使判斷準確，也缺乏力量去執行。因此，此類人的前途自然比較渺茫。

他們總是表現出頭腦混濁、多愁善感、憂心忡忡的樣子。明明沒什麼值得憂慮的事情，卻偏要哭喪著臉，由於心神不定，使得精神恍惚，在原本不該出錯的地方產生或大或小的失誤。

即便在剛開始與他們交談的時候，言語能保持流暢快捷，但不出多久就會變得木訥，像忽然之間換了一個人。這種人做事情多虎頭蛇尾、有始無終，他們的前程，自然在你我的意料之中——沒有太好的結果。

02

What kind of person are you!
I know

客觀評判，
才不會看走眼

不僅要依靠人的外表，還必須參照展現
出的「精神」，才能對一個人進行準確
的判斷。

客觀評判，才不會看走眼

不僅要依靠人的外表，還必須參照展現出的「精神」，才能對一個人進行準確的判斷。

「以貌取人」雖然經常受到批評，但許多批評者卻同樣有著「以貌取人」的習慣。這麼做的確失之片面，不過，也說明了容貌確實能反映人許多不為人知的真實面。

有人認為容貌與個性沒有必然的聯繫，然而五官端正便賞心悅目，面黃肌瘦則令人擔心，則是一般人正常的反應。以容貌觀人，不但需要洞察世事的眼光，更需要豐富的人生閱歷和天生的悟性。

在前人的定義裡，容貌其實是兩個概念：一是「容」，一是「貌」。

「容」就是我們所說的身體，可以分為兩個方面：一方面指手足、腰背、乳臍等，一方面指人在坐、臥、行、走的顯現出來的舉止、神態，以及言語談吐、喜怒哀樂。也就是說，「容」一指身體的靜態外觀，二指身體的動態表現，即舉手投足。

「貌」是指顏面上的形狀、相貌，例如口、眼、耳、鼻的動態與靜態性格特質。從廣泛的意義而言，「貌」不單單指臉部，而是整個頭部，包括印堂、下巴……等等。

「貌」本來應該屬於「容」的一部分，但由於人的精、氣、神主要展現在面部，因此將「貌」單列出來，與「容」相提並論。

「貌」也包括兩部分，一是構成「貌」的口、眼、耳、舌、鼻、眉等具體器官，屬於貌的物質基礎。另一部分，是這些器官表現出來的神態，臉部的動態表情呈現。我們這裡所說的容貌，主要是指人臉部的五官，即口、眼、耳、鼻的靜態特質。

人在容貌上千差萬別，心理、性格上也同樣有所差異。那麼，一個人的容貌與他的性格，是不是有必然的關聯呢？

中國傳統的相術，認爲容貌與性格有極大的關係，甚至認爲「容貌」決定性格。另外一些人則持相反看法，認爲相貌與人的容貌、性格之間，沒有本質上的關聯。

對此，你的看法如何呢？

事實上，一個人的容貌可以透露出相關的職業、聰明程度，以及人品等重要訊息，因此可以對這個人的性格進行判斷和推測。例如，一個五官端正的人，行爲往往也是端正的；一個「獐頭鼠目」的人，行爲大多不脫兇殘奸詐；一個人姿態沉穩，那麼縱使不是身居高位，也具有領袖氣質；如果一個人走起路來畏畏縮縮，必定缺乏自信。

透過相貌「觀人」，難免會有先入之見，但是即使如此，無數事實證明，容貌透露出來的訊息，確實足以反映出一個人的內心世界，並可藉以推斷一個人的性格、人品以及前途。

當然，也有可能出現以下的情況：隨著時間和境遇的變遷，人的外表形象發生若干變化，透過容貌品鑑人便會發生失誤，導致「看走眼」的情況。

經過研究發現，隨著一個人的心態、境遇等方面產生變化，個人的氣質、身體狀況甚至容貌也會隨之改變。因此，如果只憑一段時期的外表形象來判斷一個人的性格和前途，便極有可能犯下「以貌取人」的錯誤。

考察對象時，除非有十足的把握，否則千萬不可貿然以外表識人，而不詳細了解對方的實質。

人各有所長，不能只見所短而不見其長，更不能僅憑個人的生活經驗和好惡就去判斷一個人的一切，以孔子的話說，該要「聽其言，觀其行」。

事實也是如此，歷史上，善於透過容貌推斷人的性格、氣質、才能、品行甚至預測人物性格的傑出人士，都是藉對方全身上下形成的綜合資訊來「觀」人。也就是說，不僅要依靠人的外表，還必須參照展現出的「精神」，才能對一個人進行準

確的判斷。

反之，如果僅從一個人身上的某一顆痣、某一道疤、某一條紋路就推斷吉凶禍福乃至於前途性格，那簡直等同於在路邊擺攤的江湖術士所做的無聊行為，毫無準確性可言。

經驗證明，想在這方面具有洞燭機先的敏銳眼光，不但需要豐富的人生閱歷，多少還要擁有天生的悟性。

當然，只要有心，能夠認真學習，在生活中仔細揣摩，最終同樣能夠掌握「觀人」的訣竅。

藉著笑聲貼近彼此的心

笑是生活中的一大快事，也是一門藝術。我們可以藉聆聽一個人的笑聲，走進他的心靈，判斷潛在的性格。

笑是人們表達情緒的一種重要方式，包括喜怒哀樂在內的情緒變化，都可以透過笑聲展現出來。

我們都聽過許多關於笑的詞語：抿嘴一笑、嫣然一笑、回眸一笑、捧腹大笑、哄堂大笑、破涕為笑、嘻皮笑臉等等，由此可見笑的重要。

「笑一笑，十年少；愁一愁，白了頭。」這句諺語告訴我們笑可以使人心曠神怡，使人健康長壽；笑可以醫治疾病，可以消除隔閡。

笑不僅能振奮精神，還可增進健康，因為愛笑的人能夠吸入更多氧氣，進而改

善脈搏和血壓狀況。

最愛笑的是兒童，每天平均達五十多次。有人甚至認為，兒童的笑能打破室內的沉悶。成年人笑的次數較少，只有兒童的三分之一。

對於女性而言，笑還隱藏著另一種奧秘——在各種聲音當中，男人對於女人的笑聲反應最為敏感。

有人發現，愛笑的女人不僅人緣較好，更能長久地保持年輕。

笑是一種免費的藥，它能使人體內產生大量免疫球蛋白，從而提高免疫力。德國科學家認為，笑一分鐘的作用，就等於額外服下一個劑量的維生素C，維生素C能使皺紋舒展開。

以笑聲代替藥物進行治療的例子還不太多，但醫生都知道「笑療法」。

美國心理學家卡津斯以「用笑起死回生」聞名於世，他曾經罹患一種怪病，沒有康復的希望，但在病魔肆虐的時候，他強迫自己經常大笑，最後奇蹟似地恢復了健康。

由此可見，哲學家勸誡人們笑口常開，告別過去，不是沒有道理的。

正常的笑，是指客觀事物使人的腦神經產生興奮作用，進而在心中激起強烈的精神快感，並使臉上出現喜悅表情。

發自內心的笑，可以表示一個人的愉快和友好。當然，笑是一種很複雜的行為，有真笑、有假笑、有友好的笑、也有惡意的笑，必須加以辨別。

笑是生活中的一大快事，也是一門藝術。我們可以藉聆聽一個人的笑聲，走進他的心靈，判斷潛在的性格。

假笑，只會使人際關係更糟

虛假的笑意令人感到莫名其妙，是一種典型缺乏內容或內容難以確定的。笑聲聽起來大都比較勉強，給人虛假的感覺。

如果說，外向型的笑是爽朗明快的，內向型的笑則偏向孤獨冷漠。

內向的人笑起來非常勉強，所表示的情緒或意圖通常也比較複雜，而且令人感到難以捉摸。比較容易辨認的，是人們常說的假笑。

假笑的人，雖然臉上在笑，但眼神中幾乎不帶笑容，內心更沒有絲毫笑意。這種人的笑就像戴著假面具，無論是對自己還是他人，幾乎都是假笑和嘲笑，沒有真正的感情。

虛假的笑意令人感到莫名其妙，是一種典型缺乏內容或內容難以確定的。這種

人的笑有時聲音又高又尖，聽起來非常刺耳，有時則是「咻咻」地笑，音量幾乎低不可聞。此類人往往給人孤獨冷漠的印象，當一群人聚在一起愉快地聊天的時候，內向型的人也會跟著大家發出笑聲，然而，這並不是爲了附和周圍的人，而是感到自己的人際關係受到威脅，所以藉這種方法來掩飾自己的緊張情緒，勉強擠出笑容。

與外向型的人相比，內向型的人笑聲自然少得多。即使碰上什麼喜事，他們也認爲沒有必要讓更多人知道，不會去主動告訴他人，產生一種隱藏自己的防衛意識。正是由於這個原因，他們的笑聲聽起來大都比較勉強，給人虛假的感覺。

細心觀察就可以發現，遇到這樣的場合，假笑者的臉部表情看起來必定很不自然，嘴唇甚至還會微微顫抖。有趣的是，當周圍的人普遍都對某一話題不感興趣的時候，內向的人卻極有可能會自顧自地笑起來。

無論如何，應避免假笑，因爲它可能使別人的心情更不好。

聽出笑聲裡的秘密

我們發現，少女經常發出「嘻嘻嘻」地笑聲，有這種笑聲的人好奇心很旺盛，願意嘗試新事物，非常渴望得到周圍異性的好感。

苦笑：個性內向

性格內向的人，給人一種不常笑的感覺，即使有時笑起來，也像比較脆弱且缺乏自信的苦笑，如此的聲音和神態，與自我解嘲相差無幾。

這種笑聲沒有生氣，好像看透了世間的一切，讓人感受到一種疲憊的味道。帶有無可奈何意味的笑，有時會令人起雞皮疙瘩，渾身不舒服。

但是，苦笑者的笑具有複雜豐富的內容，隱含許多深長意味，只要留心觀察，大都會有不少收穫。

「哈哈」笑…心胸坦蕩

「哈哈」的笑聲，讓人覺得發笑者毫無顧忌。

這種從腹腔中發出、人們稱爲「豪傑型」的笑聲，一般人很難發出，只有身體狀況良好的人才有辦法。

經常「哈哈哈」發笑的人，體力必定非常充沛。

另一方面，這種笑聲會帶給人威懾感，令人不由得產生警戒，發出這類笑聲，一般是屬於領導型人物。

從發聲學的角度來說，「哈哈哈」的聲母開口通暢，韻母開口最大，所以顯得中氣十足。

但是這樣的笑，極有可能令人感到厭煩，因爲他們往往在不該笑的時候大笑出聲，不留意場合和時機。

切記一點，不要讓你的笑聲令人討厭。

「呵呵」笑：心情不快

有人習慣「呵呵」地笑，這是一種沒有完全發出的笑聲。

這類笑聲給人缺乏信心或受到壓抑的感覺，可能是為了掩飾內心的不滿，或者心情正煩躁，也有可能代表身體疲倦。與前一種笑聲相較，這種笑聲明顯中氣不足。

從發聲學的觀點看，「呵呵呵」的韻母比「哈哈哈」的韻母要小，中氣自然不能與之相比，這是理所當然的。

壓抑的心情會引發各種不良情緒，連帶讓笑聲也受到影響。

「嘿嘿」笑：輕蔑別人

「嘿嘿嘿」的笑與冷笑相差無幾，帶有批評或輕蔑的意味。

除非已經成為習慣，否則在一般情況發出這樣的笑聲，雙方談話的基礎就差不多喪失了。

發出這種笑聲的人，心理多半很不安寧，可能有某種煩惱。

這種笑聲帶有攻擊性，目的是以此壓抑對方，以獲得一時的快感。與「呵呵

呵」相比，韻母更小一些，聲音自然也比較小。

若內心安寧，自然不會發出這種笑聲。

「嘻嘻」笑：好奇心很強

我們發現，少女經常發出「嘻嘻嘻」地笑聲，有這種笑聲的人好奇心很旺盛，願意嘗試新事物，非常渴望得到周圍異性的好感。這種心情非常強烈，隨時隨地都從笑聲中表現出來。

這類人的情緒變化很大，有時愉快，有時又很鬱悶，一言以蔽之，他們的心理具有典型的兒童特質。

個性好壞，讓頭形告訴你

確實能從一個人的頭形得知某些重要訊息，因為人的頭部正是智慧之源——大腦之所在。

頭是一個人身體的最高處，很多訊息都可以由此看出來。

頭是人體最重要的組成部分，這一點從一般語言就不難得到證實。頭又稱為「首」，「首」字本身衍生出許多詞，例如「首要」、「首長」、「首先」等，大都含有「最」的意思。此外，與「頭」有關的詞還有「頭等」、「領頭」⋯⋯等。

英語裡面表示頭的單字同時還帶有「關鍵」、「大寫」、「首都」⋯⋯等含義。

從語言學的觀點來看，這是詞義引申的結果，顯示出頭的重要。

人類學家、考古學家研究發現，人類的頭是逐漸變大的。英國的帽子經銷商曾經發表一個報告證實，五十多年前，七號帽子的銷路最好，但到了現在，大於七號的帽子銷路處於領先地位。可見，在這段不算太長的時間內，人的大腦「長大」了不少。

那麼，頭的大小與智商有什麼關係呢？

有的科學家認為，腦袋的大小與智商高低沒有直接關係，這些科學家引用下述資料來證明他們的觀點：

研究顯示，一般人的腦重量為一千三百五十到一千四百克，屠格涅夫腦重近兩公斤，康德腦重一千六百五十克，法國小說家法朗的大腦只有一千零一十七克。這些人的腦袋重量不同，但都是很聰明的人，所以得出結論——智力的高低，並不在於腦袋的大小。

此外，「大頭的愚人」和「小頭的智者」的說法，也與這種觀點有關，法國小說家法朗的腦重量低於平均值，可以作為佐證。

但有一批美國心理學家提出另一種觀點，企圖推翻「頭大無腦」說法。他們認為，頭部越大、越飽滿的人，智商可能越高，並對學術研究感興趣。

美國西安大略大學的心理學家，找了年齡在二十歲至三十五歲間的幾位男士進行實驗，發現「肥頭大耳」的受試者，智商通常比較高。

研究人員首先測量他們的頭部長度、寬度（雙耳之間的直線距離）、厚度（頭前後的直線距離），並掃瞄腦的體積，繼而請他們進行智力和認知能力測驗，最終結論如下：頭部的長度、寬度和厚度都與智力有關。但頭型太尖，即頭的長度大於寬度，可能不如肥頭大耳者聰敏。

實驗告一段落後，研究人員在《性格和個人差異》這本雜誌中，發表文章說：

「頭大即代表智商高，整體而言，從頭的大小可以預測腦的大小。可是，頭部的長度與智商卻成反比。」

在這項研究的受試者中，最大的頭寬十六公分，最窄十三．五公分；厚度則最多是二十一．二公分，最少十八．二公分；最長的頭為十七公分，最短是十四．六公分。

話雖如此，頭大的人也不一定就是天才，不過，研究結果的確有助於糾正一般人對於肥頭大耳者抱持的成見。

除了對頭部的體積進行研究，科學家還對頭的形狀做了分析。

他們對動物頭部進行觀察發現，動物的性格與頭部的寬窄有很大的關聯：腦袋較寬的動物一般都很好鬥，腦袋窄的動物則大都比較溫順。

當然，人不能和動物相提並論，不能簡單地把上述結論套用在人身上，但不可否認的是，我們確實能從一個人的頭形得知某些重要訊息，因為人的頭部正是智慧之源——大腦之所在。

不同頭形，不同個性

具有殘月頭形特徵的人思維敏捷，能力很強，有極高的觀察力和創造力、很強的進取精神。

圓頭：樂觀

圓頭的人，不但臉看起來比較圓，身體也比較圓。很多觀察資料顯示，這類人的爲人處事與他們的身材一樣圓滑，八面玲瓏，不輕易得罪人。

他們多半是很樂觀的，對很多事情都能泰然處之，形若無事，能經常保持著和氣、幽默、可親的姿態。

這種人天生喜歡享樂、喜歡吃、喜歡睡，所以身體容易發胖。有句話說「心寬體胖」，正是他們的眞實寫照。

殘月頭：急躁

殘月頭的外型特徵為前額後傾、鼻樑高、嘴唇向前突出、下巴短且向後縮，看起來就像一輪快要落下的殘月。

這種人的特點是「快」，無論做什麼事情都能夠很快完成，有時甚至令人嘆為觀止。然而，「十快九粗糙」，他們的不足之處也很明顯，因為過於性急，考慮不周，常常輕舉妄動，造成不必要的損失。

有人曾經說過：「面中仰而人不義，蓋其人常妄動之緣故。」意思是說，臉的中部突出的人，常常會做出損人利己的事情，原因就在於他們太容易輕舉妄動，有欠思慮。

他們的反應很快，但熱情也消失得很快。

這類人的另一個特點是喜歡說話，卻由於思慮不周，相當容易得罪人。

具有殘月頭形特徵的人思維敏捷，能力很強，有極高的觀察力和創造力、很強的進取精神。但應該克制自己，凡事「三思而後行」，不要魯莽。

新月頭：遲緩

古人曾說：「面中凹而機謀深。」

臉中間部分凹陷下去的人很有計謀，「新月頭」指的正是「面中凹」者，由於頭形似新月而得名。

這種人的特徵是前額突出，眼睛和眉毛所在部位比較平坦、鼻樑很低、嘴唇短且後縮、下巴相對突出。

具有新月形狀頭形的人思維緩慢、行動遲緩，說話吞吞吐吐，做事按部就班，無論做什麼事情都慢慢來。他們最顯著的特點，就是一個「慢」字，性急的人碰上了，常常會急得半死。

這種人的長處是很謹慎，不易衝動，不會盲目聽信他人。他們做事情比較從容，無論辦什麼事情都堅持「三思而後行」，從不輕舉妄動，一旦行動就非要取得成果。

一般情況下，他們會以理智戰勝情感，不至於做出魯莽的事情。他們能夠忍受

一般人不能忍受的事情，具有很強的耐力，態度又比較溫和，有辦法隨遇而安。可以說「不惹禍」是這種人具有的最大優點。

很多資料顯示，新月頭的人性格很強，有時過度固執己見，會產生不切實際且又缺乏創造性的想法，是必須留意的缺點。

從流傳下來的畫像來看，明朝開國皇帝朱元璋就屬於這種人。由此可見，這種頭型的人如果能多加留意鍛鍊自己的思維速度，提高做事效率，往往能夠成就一番大事。

頭形平坦，做事不夠果斷

> 有橢圓頭形的人，無論是男性或女性，頭腦比較簡單，心胸也比較狹窄，很容易衝動，私心很重，愛面子，承受不了打擊。

平直頭：猶豫

平直頭的特徵為前額平坦、鼻樑、嘴巴、下巴都比較直，從側面看就像一個「D」，頭型介於「殘月型」和「新月型」之間。如果鼻樑高一點，就屬於很有智慧的人；如果鼻樑下陷，鼻孔上仰，大概就不怎麼聰明。

這種人大都不會深思熟慮，也不會盲目好動，因此給人一種猶豫不決的印象。

有時候，他們會表現出心靜如水的模樣；有時候，他們又會給人怒火中燒的感覺。

有人認為這種人比較遲鈍，無論做什麼事情，成功的機會往往少於失敗的可能，「碌

碌無爲」、「挫折不斷」可作爲他們的人生寫照。

對他們來說，最重要的是學會果斷，無論做什麼事情，都應該要求自己及時做出判斷，抓緊成功的那一瞬間。

橢圓頭：穩重

頭型橢圓的人，往往長著鴨蛋形的臉，也就是一般審美觀點認爲比較好看的一種臉型。有這樣一副面孔的男性，大都比較討人喜歡，因爲這種人的心裡十分明朗。他們做事一絲不苟，話不多，行爲穩重，有善於思考的優點。也由於一般都很細心，適合從事行政、管理、財會等方面的工作。

具有這種面孔的女性，給人聰敏的印象。她們喜歡讀書，愛好藝術，懂得料理家務，對人溫和，討人喜歡，很適合從事教師、醫生、秘書等職業。

研究資料也顯示，有橢圓頭形的人，無論是男性或女性，頭腦比較簡單，心胸也比較狹窄，很容易衝動，私心很重，愛面子，承受不了打擊。

額頭寬不寬，與聰明相關？

由於很容易衝動，悟性比較差，與突額頭的人共事，最好將事情交代清楚，以免成天替他收爛攤子。

在一般人的心目中，額頭寬正是智慧的象徵。

中國古代有「天倉滿」是貴相的說法，指的就是寬額頭。研究面相學的人認為這種人不僅富貴，還能獲得權力。

事實上，很多資料都證明，額頭的寬窄與聰明與否沒有太大關係。但也許額頭寬的人受到了傳統說法的影響，也相信自己的寬額頭代表智慧，經常進行積極的自我暗示，所以表現得比一般人聰明。

寬額頭：聰明

資料顯示，寬額頭的男人最明顯的特徵，是很會隱瞞內心的想法，有的人甚至能夠將秘密隱瞞一輩子。

縮額頭：實際

縮額頭的特徵是額頭後傾、眉骨高聳、鼻樑上挺、嘴唇短、下巴出奇地長，就像字母「G」。

這種人具有領袖特質，身懷很強的組織才能，妙語連珠、善於雄辯，讓人能夠明確感受到他們特有的魅力。

不過，這種人大都比較專制，固執己見，疑心病重，經常懷疑那些不需要懷疑的事情，造成他人的困擾。

縮額者思路敏捷，智商高且為人謹慎，辦事踏實。他們重實際，有膽識，善於使用謀略，腦子裡的怪點子很多，稱得上是名副其實的怪才。

突額頭：經常後悔

突額頭的特徵爲前額比較突出、鼻樑下陷、嘴唇突出、下巴往後面縮。

這種人的性格特徵是一個「快」字，他們做事情的時候，常常都是做了再說，事前不經深思熟慮，行動快過思維，因而導致計劃難以周密執行，經常因草率而犯錯後悔。

這種人不夠實際，想法可用天馬行空形容。

一般來說，有一副好口才，很聰明，經常會生出令人稱道的想法，可惜缺乏必要的耐性，很難完成需要長期堅持才能成功的事情。

此外，由於很容易衝動，悟性比較差，與突額頭的人共事，最好將事情交代清楚，以免成天替他收爛攤子。

一眼從頭形看穿本性

禿頂的男人比較務實，有很強的責任感，能提供安全無虞的穩固保證，很多女人因此對禿頂的男人情有獨鍾。

三角頭：足智多謀

三角頭的特徵是前額又寬又高、下巴尖，臉型就像一個倒立的三角形。

這種人的智力很高，喜歡思考、善於推理、愛好閱讀、擅長藝術，足智多謀，具有很強的創造力。

但是，從很多實例來看，這種人體質虛弱，不喜歡到戶外活動，看來懶洋洋的，大都對體力方面的勞動有厭惡的傾向。

過往留下的多項觀察資料顯示，大凡思想家、發明家、文學家、教育家、設計

師、評論家等，多屬於這種類型。

四方頭：精力充沛

四方頭的特徵爲前額的上部呈方形，下巴也是方形，甚至從整個身體來看，都有成爲方形的趨勢。

具有這種頭形的男性佔大多數，女性則比較少見。

四方頭的人精力充沛、性格活潑、喜歡運動、很愛冒險，酷愛追求自由，天性不受拘束，尤其鍾情戶外運動。

這種人的顯著特點是特別能吃苦，一般人認爲難以忍受的事物，在他們的眼裡常常只是小事一椿，所以適合從事實業家、探險家、運動員、飛行員等具有相當冒險性的事業。

一般來說，這種人不大喜歡理論，很注重實際，可一旦有機會發言，多能提出具建設性的意見。

不過，他們不太喜歡讀書或是喜歡思考問題，屬於頭腦簡單、四肢發達者。與

生俱來生存的本領，就在於務實的精神和充沛的體力。

長方頭：擅長外交

長方頭的特徵是頭比較窄，臉有點長，近似於長方形。

這種人擅長外交，對人的態度溫和、友善、彬彬有禮，大都比較聰明機警，能留給別人很好的印象。

一般情況之下，他們絕不會採用武力以達到自己的目的，而會透過自己的智力去完成目標。因此，這樣的人非常適合當外交家、推銷員。

不過，他們也有某些缺點，這種人常常缺乏應有的勇氣和行動能力，屬於「有賊心，沒賊膽」者，而且多不善於理財，錢在他們的手裡，往往生不出更多的錢。

禿頂：有智慧

有一句令人叫絕的成語——「聰明絕頂」，常常被禿頭的人引用，試圖說明禿頂的人智商多半比較高。

資料顯示，禿頂的人大都很聰明，而且禿頂的男人常常有很大的成就，相貌瀟灑的男性常常敗在他們的手下。

有趣的是「聰明絕頂」這種福分，特別鍾情於男性，也就是說禿頭一般都只會遺傳給男性。科學研究顯示，如果父親是禿頭，兒子出現禿頭的機會是五十％，母親的父親（外公）如果是禿頭，也會將二十五％的禿頭可能性遺傳給他的外孫。

禿頂的男人比較務實，有很強的責任感，能提供安全無虞的穩固保證，很多女人因此對禿頂的男人情有獨鍾。

臉面就是最好的名片

瑞典人、德國人、義大利人的臉部特徵
各不相同,但歸根究柢,他們都是同一
支族群的後裔,是「漂變」
塑造出形形色色的臉孔。

臉面就是最好的名片

瑞典人、德國人、義大利人的臉部特徵各不相同，但歸根究柢，他們都是同一支族群的後裔，是「漂變」塑造出形形色色的臉孔。

臉是你的名片，上面印著的不是頭銜，而是你的性格。

西方有位哲人說過：「永遠也找不到兩片相同的樹葉。」我們也同樣可以說，世上沒有兩張完全相同的臉。

為什麼人們的臉千差萬別呢？這是一個很令人感興趣的話題。

提出演化論的達爾文認為，這是自然選擇的結果，臉也是人類適應自然環境後的產物。例如，南非人的鼻樑又低又短，俄國人的鼻樑卻普遍高且長，這是由於俄國地處高緯、氣候寒冷的緣故。高且長的鼻樑可以增大鼻腔的容積，保持溫暖濕

潤，避免吸入寒冷乾燥的空氣，達到保護肺臟的目的。

科學家們推測，黃種人上斜的鳳眼和眼瞼內的褶皺，可能與亞洲中部地區多風沙有關。這種結構可以保護眼睛，使免受風沙塵土的侵襲。

諸如此類的臉部特徵，都能用適應自然環境來加以解釋，「天擇」成為「塑造」臉部特徵的動力。

另外，也有一些臉部特徵要從社會環境來解釋，例如非洲黑種人的嘴唇厚而突出，白種人的嘴唇薄而平坦，這是怎麼形成的？某些民族的男子流行蓄留絡腮鬍，但在其他民族十分少見，又該如何解釋呢？

達爾文認為，人類臉上的許多特徵是「性選擇」的結果。

厚嘴唇、高鼻樑、絡腮鬍等特徵，在某些種族、部落中被視為健美的標準，具有這些條件的人容易覓得配偶，於是這些臉部特色便一代一代地普遍化，進而成為該民族的特徵。

當然，絕大部分生物個體的特徵，是由遺傳基因決定。

臉部的各種特徵都有著不同的控制基因，例如單眼皮和雙眼皮各有不同的基因

型。在大型群體中，單眼皮基因型和雙眼皮基因型所佔的比例爲一穩定的值，稱爲基因頻率。如果讓這群人自由通婚繁殖，基因頻率將一代一代維持不變。但是，如果將這群人分成若干小群，遷移到一些地理上相互隔離的地區，小群中某些性狀基因頻率就可能與原來的大群不同。

此後，隨著這一小群人的盛衰變化，基因頻率隨機改變，後代中出現這些性狀的個體數也會發生變化。最明顯的例子，是美國賓州的「敦克爾人」，在十八世紀初從德國西部遷居而來。他們只在本族內進行通婚，形成一個半隔離的小群。如今，敦克爾人的臉部特徵不同於德國西部人，也不同於賓州的其他美國人，這種現象被稱爲「漂變」。

瑞典人、德國人、義大利人的臉部特徵各不相同，但他們都是同一支族群的後裔，是「漂變」塑造出形形色色的臉孔。

以上這些，對「觀相識人」提供了更多的科學依據。

「五官端正」可不可能？

左面人與音樂天賦有驚人的關聯，貝多芬、舒伯特、布拉姆斯、柴可夫斯基等知名音樂家都是左面人。

摸一下自己的額頭中央，看看額骨中間的那條縫是否位於正中間？然後再照鏡子看看鼻子是否端正，鼻尖是不是對準了人中凹陷的中央部份？

如果你發現自己的臉並不是左右對稱，請不要擔心，因為根據資料顯示，根本沒有一個人是真正「五官端正」的。

雖然按照一般常識，正常人的臉形應該左右對稱，但實際上，所有臉都是左右有別的，即使一個人的牙齒排列得很整齊，但是吃飯的時候，也總喜歡只用一側牙齒。同理，即使兩隻耳朵聽力正常，但當要仔細傾聽細小聲音時，仍會不自覺地

「側耳聆聽」。

左右有別這一點，從一個人的外表上看是這樣，從一個人的內部結構看，也同樣是如此。隨著對大腦兩半差異的深入研究，科學家對於五官不對稱、不均衡的差異有了新的發現。就像每個人不是「右撇子」就是「左撇子」，每個人不是「右面人」就是「左面人」。

「右面人」的右下巴與額頭比起左側較為舒展，右臉的皺紋比左面淺，甚至右邊的酒窩也不明顯，右眉梢比左眉梢高。

也有專家用電腦對說話者的嘴唇、舌頭和下巴的運動進行研究，統計顯示，右面人的右臉比左臉更靈敏，左面人的情況則正好相反。

左面人與音樂天賦有驚人的關聯，貝多芬、舒伯特、布拉姆斯、柴可夫斯基等知名音樂家都是左面人。

這項發現，與大腦右半球負責形象思維，左半球負責語言、邏輯思維的理論不謀而合。

臉型較方，個性較強

方臉的人具有很強的好勝心，適合從事具挑戰性的工作。這種人的不足之處是個性比較固執，有時顯得過度急躁。

方臉的人：爭強好勝

長得一副四方的臉，較會給人一種為人堂堂正正的印象。

由神經系統進行分類，因為他們的大腦顳葉上部比較發達，神經主要分佈在臉的中部。臉型長方、骨肉發達是這種人的重要特徵。

一般來說，具有這種臉型的人，體力和腦力都不錯，無論從事腦力工作還是體力勞動，只要肯努力，一般都能夠取得預期的效果。

方臉的人具有很強的好勝心，適合從事具挑戰性的工作。

軍人、運動員多擁有方形臉。這種人的不足之處是個性比較固執，有時顯得過度急躁。

圓臉的人：心地善良

許多人生來就長著一張圓圓的臉，下巴顯得比較寬，給人活潑、豐滿的感覺。

這種人具有很強的活力，也顯得營養良好，心理學家把這種人稱為「動物質」者。

具有這種臉型的人性格開朗、心地善良，很討人喜歡，有良好的人際關係。他們做事往往很爽快，只要聽說有事需要幫忙就會立刻去做，而且多能夠得到不錯的成績。

由於對事對人都相當盡力，這類人很適合從事爲群眾服務的工作。

這種人的不足之處，在於處理事情不夠嚴謹，如果能夠結交比較謹慎的朋友，並且經常得到的開導，必能有更好的成績。

三角形臉的人：敏感

這種臉型的基本特徵為額部發達，下巴不但突出而且很瘦。

觀察發現，具有這種臉型的人身材比較修長，但體力比較差。這樣的人一般都屬於勞心者，頭腦敏捷，氣質佳。

臉型偏向三角的人，可以把自己的職業目標標定在比較具有藝術氣息的工作上，例如作家、學者、教師、藝術家……等。如果從事體力勞動，常常會由於力氣不足而難以有好的發展。

三角形臉的人大都很敏感，往往能從一般人認為很平常的東西當中，發現不少奧秘。

有的人額頭看起來很寬，下巴卻顯得很窄。這種人如果不修邊幅，很容易給人一種窮愁潦倒的印象。如果他們注意自己的形象，便會帶給人一種清高的感覺。具有三角形臉的人，如果顴骨很突出，下巴又尖，就會很像所謂的「尖嘴猴腮」，最好注意修飾自己，才能帶給人好印象。

學習與板著臉的人溝通

板著臉孔的人一旦發現自己受到他人的重視，就會盡心盡力地辦事，變得較為親切。

最有可能流露出真實情感的部位，正是臉頰。

經常臉紅的人，大都是年輕、羞怯又不擅社交的人。在複雜世故的環境中，這種人顯得毫無經驗且天真之外，可說相當可愛。

此外，有不少人習慣整天板著臉孔，不讓別人知道他們內心想些什麼。

板著臉悶悶不樂的人，心中經常會有許多古怪的想法，他們的言談舉止都依循著一套自以為很好的理論，卻往往令人費解。

總是板著臉的人，性格相當固執。

這種人對很多事情都很敏感，對於各種東西都很挑剔，即使是很細小的事情也不會輕易放過，例如寒暄的詞語、說話的方式等等，只要稍微不如他們的意，他們便會耿耿於懷，過了很久也不會忘記。

這樣的人不一定是壞人，只是與一般人不太一樣。

與這種人相處，應該先瞭解習慣，多說一些他們願意聽的話。只要用詞跟態度不引起排斥，其實他們也能夠接受別人的意見。

板著臉孔的人一旦發現自己受到他人的重視，就會盡心盡力地辦事，變得較為親切。可以說，這是他們最難得的一面，也是最終依然能夠與一般人溝通的重要原因。

下巴透露一個人的自我意識

下顎動作表達了自我主張的強弱程度，一般而言，下顎越突出，自我主張的程度就越高。

人們經常用「天庭飽滿，地閣方圓」來形容一個相貌好看的人，下巴方正的人一般都會給人較成熟可靠的印象。這種人為人比較厚道，懂得關心照顧身邊的人，所以也同樣能夠得到別人的關心和照顧。

方下巴的人：有毅力

方下巴的人很有毅力，如果能夠學會超脫，不要過分插手不相干的事情，就能避免許多不必要的困擾。由於懂得安善地照顧自己所愛的人，因此，人們普遍認為這樣的人對愛情比較專一。

下巴又長又寬的女性，下嘴唇與下巴之間的距離看起來比一般人遠。模樣雖然不好看，卻給人比較穩重的印象。

她們大都不會隨便發脾氣，做什麼事情都認真細緻，不會敷衍了事。在愛情方面，這樣的女性比較專一，不會見異思遷，談戀愛必定以結婚為前提。她們對於當面一套、背後一套的人，向來深惡痛絕。

作為女性，從表面上看來，似乎過於嚴肅，但她們的內心是很溫柔的。若身為男性，千萬不要忽視了這樣的女性。

下巴方正的男人大都很固執，唯我獨尊、自以為是，不會接受別人的意見。他們很會記仇，一旦受到不公正的待遇，便會耿耿於懷，而且時常掛在嘴邊。不過，這種人雖然會記仇，卻不一定會報仇，因為他們的天性很善良，未必會選擇以牙還牙，甚且可能對此感到非常煩惱。

下巴方方正正的人，一看就知道好勝心很強。這種人由於很有自信，所以辦起事來很有毅力，不達目的誓不罷休，多能完成艱鉅的任務。

尖下巴的人：很理智

如果一個人的下巴形狀尖尖地，像一根楔子一樣，將很容易給人留下一種虛情假意的印象。一般來說，這種人比較理智，感覺很敏銳，日本知名作家芥川龍之介就是這樣的一副長相。

另外，這種人比較善於鑽營，懂得巴結上司，但若不懂克制，便會帶給別人不誠實的負面印象。

在愛情上遭遇挫折，是他們經常遇到的問題。在這樣的家庭裡面，夫妻之間常常會互相猜忌，有時候甚至鬧到形同陌路。事業上，尖下巴的人職位經常受變動，且很難擔任重要的職務，因此，他們比較適合自由業。

長下巴的人：重感情

從正面看，這種人的下巴比較細長，從側面看，則有些向內傾斜的傾向，在東方人當中並不少見。這種人的性格雖然比較複雜，但很重視情感，無論是交友還是戀愛，都會全身全力地投入，給人真誠的印象。

他們的性格很外向，心裡藏不住話，碰上什麼事情一定要一吐為快，且喜怒哀樂表現極端，高興時手舞足蹈，生氣時則拍案而起，毫不客氣。

這種人雖然很重感情，但由於不懂得忍氣吞聲，所以很容易得罪人。

長下巴的人對於不公平的事情非常看不慣，很容易因此大動干戈，經常惹是生非。若不克制，運氣必定不好，一輩子都不會順利，很難成就大事。

下巴前突的人：性格強

下顎是為人類或動物擔任發聲和咀嚼的器官，相當重要。

從外形上看來，男性的下顎與顴骨一般都帶有稍許稜角。研究發現，男女下顎形態的差別具有相當程度的重要性，例如男人裝扮成女人時，無論如何精心修飾，都能從下顎看出破綻。

人體發音學家研究發現，下顎決定一個人的聲音性質，比如電視、電影幕後配音員的工作分配，正有一部份取決於下顎的形狀。

觀察下顎的形態，能夠推測某人的一般傾向，得出諸如「擁有意志堅強的下

顎」或是「尖細的下顎表示神經質」等結論。當然，若想更進一步探求對方究竟在想些什麼、想要表達什麼意見，單憑下顎的外觀形狀是不夠的，還得留意下顎的動作，才能徹底理解行為語言表示的意義。

關於下顎的動作，最容易讓人注意到的是「突出」、「收縮」等等。在英語中，下顎為「Jowbone」，作為動詞使用時，具有「極力說服」的意思。同時，「Hold Your Jow」字面上的意思是「縮起你的下巴」，在語言交際中就是「住嘴」之意。

事實證明，當一個人處在極度疲乏的狀態之下，往往會做出「伸長下顎」的動作。除了這種由於行為上的要求而表現出來的姿態之外，一般而言，不論男女，「突出下顎」多少都傳遞出攻擊性，可視為一種表示想要「撲向前狠狠揍一頓」的動作。

根據專家研究指出，下顎動作表達了自我主張的強弱程度，一般而言，下顎越突出，自我主張的程度就越高。

毛髮濃不濃密，可以看出性能力

眉毛濃黑潤澤的人，精力比較充沛，能力自然較強。頭髮烏黑濃密的人，性能力必定非常旺盛。

透過不同部分的毛髮，可以研究出關於性能力的相關訊息：

顯而易見，從一個的外貌可以獲得很多訊息，甚至包括了性能力。

例如，毛髮濃黑的人，性能力多半很強。

・眉毛

《黃帝內經》上說：「藏精於骨，現精於眉。」意思是說，人的精氣隱藏在骨髓當中，但是可以從眉毛上顯示出來。

從現代科學的角度上看，這種說法並不準確，但是眉毛濃黑潤澤的人，精力確實比較充沛，能力自然較強。

• 頭髮

古書上說：「腎衰則髮墜，腎盛則髮長，腦髓減則髮白。」

意思是說，腎衰的人容易掉髮，腎健康則頭髮長得好，若是大腦腦髓減少，頭髮就會發白。

確實如此，頭髮和腎的關係很密切，等同於腎的外在表現，能夠察知腎的強弱。腎與性能力是一致的，腎好，性能力就強，所以頭髮烏黑濃密的人，性能力必定非常旺盛。

• 鬍鬚

鬍鬚與性功能的關係較其他部位的毛髮密切，男性發育到了青春期，如果還沒有長鬍鬚，就可能是陰莖包皮太長，必須多加留意。

有的男人一直不長鬍鬚，但是與女性接觸並發生親密行為之後，很快就長出鬍鬚來了，這就代表了鬍鬚與性有一定的連帶性。

一般來說，男性的生殖器受到傷害，鬍鬚就會長得比較差，中國封建社會的太監就是由於生殖器被閹割，所以不長鬍鬚。

鬍鬚形狀不同，人的性格也有所差異。

首先，鬍鬚「卷如螺紋」的人心胸比較寬闊。人們認為這種人聰明豁達、膽識過人，能夠高瞻遠矚，心胸廣闊，可以成就大事。

其次，鬍鬚「長如解索」的人比較風流。這種人雖然喜歡美色，但是不至於淫亂，經常得到「風流顯榮」之類的評價。

這裡要特別強調一點：性能力與好色與否，並不等於同一件事。

很多事實證明，不少人雖然有很強的性能力，但懂得潔身自愛，從來不拈花惹草，行為合宜，相當值得稱許。

從耳朵也可以看出一個人的性格

左右耳大小不一致的人，在處理事情時常常採用雙重標準，有人認為這是因為他們本身具有雙重人格傾向。

人的耳朵不僅是聽覺器官，還是構成人體美的重要組成部分，這點是毫無疑問的。一般而言真正標準且健康的耳朵，必須滿足輪廓完整、肉質肥厚、耳廓寬大三要件。

人的耳朵，分為外耳、中耳和內耳三部分。

外耳像一個喇叭，主要的功能是收集外界的聲波。中耳，是外耳與內耳之間的孔隙，包括鼓室、耳咽管和乳突三部分。最外壁是鼓膜，可以顫動，功能是辨別聲音的強弱、大小和遠近，前壁有一根小管，被稱為耳咽管，與咽喉相通，鼓室內有

三塊小骨，它們彼此相連，將聲波傳到內耳。

一般人認爲女性之美主要表現在眼睛、眉毛、鼻子和嘴巴上，往往忽略了耳朵的重要。其實耳朵也是展現女性美的一個重要關鍵，耳朵的輪廓好、線條美，能使容貌更好看。

中國古代人娶媳婦要先看耳朵，因爲耳朵與腎臟有關，若大而肥厚，表示腎氣旺，不容易疲倦，較可能生出健康的孩子。

那麼，耳朵在洞察別人的性格方面，有什麼重要的意義呢？

《內經》等醫書認爲「耳者，宗脈之所聚也」，意思是說耳朵是人體經絡匯聚的地方，與人體的內外都有密切的聯繫。

例如，耳朵發紅可能是受到激動、冷、熱、飲酒等因素影響，但如果不是由於這些原因而經常發紅，則代表這個人的血液循環良好，此類人性格比較活潑，腎功能很好，且多半比較好色。以上都說明了一個道理耳朵所透露出來的訊息，對於瞭解一個人是非常重要的。

耳朵低於眉毛的人：猶豫

一般來說，耳朵比眉毛低的人，腎臟的位置也比較低。

這種人很講究滿足物質方面的需求，他們能夠團結人，具有領導才能。但在壯年和中年時期，應該特別留意私生活方面的問題，否則不僅會傷身體，還可能毀壞名聲。

這樣的人意志不夠堅定，常常生活在苦惱之中。

一般來說，耳朵過於細小的人，膽子也會比較小，做起事來常常猶豫不決，下決定時又往往考慮不周。

兩耳大小不一的人：狡猾

如果一個人的耳朵兩邊大小不一，便很可能在人們心目中留下不好的印象，且這樣的人在幼年時代多得不到充足的母愛和關懷。

左右耳大小不一致的人，在處理事情時常常採用雙重標準，有人認為這是因為

他們本身具有雙重人格傾向。

兩邊耳朵大小不一致的人，身體可能不太好，應該多加留意。

耳朵裡長毛的人：長壽

耳朵裡的長毛叫做「耳毫」，東方人認爲這是長壽的表徵。

有許多耳朵長毛的人都很長壽，這可能與他們本身的腎氣旺盛有關，中醫有

「耳爲腎之竅，手足少陽經俱會於耳」之說，具有一定的道理。

從親吻就可以識人

當然，要在戀愛的時候正確地判斷一個人的個性，只透過觀察親吻這一點便做出結論未免有點偏頗，但不失為一種可供參考的指標。

西方國家有一句名言：戀愛中的人是盲目的，意思是指，在戀愛的時候，人們為情所迷，往往無法對於對方的人品做出正確的判斷。

這在一定程度上是事實，但只要懂得方法，談戀愛的時候還是可以保持「一半清醒一半醉」。

稍加留意對方的舉動，例如親吻的部位，就可以看出一個人的個性。

・頭髮

兩性關係上，這種人比較愛吃醋，嫉妒心很重，具有強烈的佔有欲。在感情交

往過程中，他們常常會受到挫折，甚至爲情愛身敗名裂。

・額頭

懷抱積極開創人生的態度，人際關係良好，能夠付出溫柔體貼的感情。這種人

的愛情，可謂盡在不言中。

・眼睛

這種人可以不惜一切爲愛情犧牲，希望能夠征服心目中的情人。資料顯示，他

們也喜歡親吻性感帶。

・鼻子

這是最熱衷於性愛的一種人，天生帶有一點雙重性格，他們很貪玩，不容易建

立良好的事業基礎。

• 臉頰

這種人比較平和，「以和為貴」是他們的處世準則。比較重視友誼，能夠忠於愛情，但也因此比較容易受騙。

• 耳朵

這種人是最善解人意的，很容易瞭解別人的心事和痛苦。在感情上，他們敢愛敢恨，有時會利用別人達到自己的目的。

• 嘴部

這種人有很強的道德觀，對愛情相當專一，一旦吻了別人，往往就代表已經認定對方。

• 脖子

這種人對愛情多半三心二意，在他們的認知裡，根本不存在天長地久的愛情，卻經常要求對方死心塌地等待自己。

• 肩部

這種人在精神上很需要安慰，但無論內心有多麼渴望，都不會輕易表達出來。

這樣的人，很容易掉進別人安排好的圈套之中。

• 手臂

這種人很善於尋找機會，懂得試探別人的需要，尋找良好的機會。

• 手背

這種人常常被別人稱為「情聖」，他們不僅很擅長掌握男女之間的感情，還懂得伺機而行，野心相當大。

・手心

很渴望得到對方的眞心，希望談一場有品味的愛情。

這種人比較尊重對方的感覺，通常會將對方視爲生命中最重要的人物，因此寧可委曲求全。

・腳和腳趾

當然，要在戀愛的時候正確地判斷一個人的個性，只透過觀察親吻這一點便做出結論未免有點偏頗，但不失爲一種可供參考的指標。

04

What kind of person are you!
I know

眉毛是判斷性格的
重要指標

眉毛同時上揚或者相互趨近，表示嚴重
的煩惱和憂鬱，慢性疼痛病症的患者便
經常如此。

讀懂眼睛裡的言語

可以透過眼睛瞭解人的內心世界，因為人體用來傳達資訊的所有器官當中，眼睛是最重要的，能傳遞最細緻的情感。

「眼睛是靈魂之窗」，透過這兩扇窗戶，可以窺見一個人的情感、心智與靈魂。作家愛默生就說：「人的眼睛和舌頭一樣會說話，不需要字典，就能夠從眼睛的語言中瞭解整個世界。」

心理學家研究認為，一個人的眼神正，心就正，眼神若不正，心裡必然有難言之隱。孟子說：「心正則眸子瞭焉，心不正則眸子眊焉」，這句名言有著深刻的人文精神和科學依據，相當可信。

專家認為，在人與人的交流中，眼睛傳達出來的訊息是最清楚、最正確的。我

們經常從文學作品中讀到眼睛是「智慧的」、「會意的」、「善良的」、「兇惡的」、「冷漠的」……如果眼睛無法傳遞人的感觸，諸多作品就不至於會如此描寫了，不是嗎？

我們通常會認為眼神渙散的人缺乏足夠的判斷力；眼睛大且明亮的人，常常都是比較聰明、多才多藝的；斜視的人，大都比較奸詐；眼光總是朝上看的人，往往生性高傲、目中無人；眼光總是往下看、不敢直視對方，如果不是因為害羞，那麼就可能比較陰險；眼神飄忽不定，東張西望者，很可能是個騙子；眼中布滿血絲象徵剛愎自用或是十分疲憊；眼光含笑的人，被稱為「桃花眼」。

可以透過眼睛瞭解人的內心世界，因為人體用來傳達資訊的所有器官當中，眼睛是最重要的，能傳遞最細緻的情感。

因此，我們該學習透過眼睛這個「靈魂之窗」透視人的性格和心理。

眼睛越小，對事執著度越高

眼睛小的人內心比較平穩，處事冷靜，能夠妥善控制自己。缺點是比較機械化，遇事不懂得變通，過於死板。

眼睛小的男人往往不善言詞，跟女性交往比較笨拙，性情樸實，不會投機鑽營、佔別人的便宜。他們做起事來專心致志，埋頭苦幹，因此多能在事業上有一定成就。

由於他們不太會說話，不活潑，不善於交際，所以不會朝三暮四，總是腳踏實地地做事情。

眼睛小的人做事比較有耐心，無論處境多惡劣，不達目的誓不罷休。但相對的，這樣的人常常比較保守，做事一板一眼，不敢越雷池一步，非常適合當財務人

員。

根據觀察發現，眼睛細小的人做事很細心，懂得穩紮穩打、步步為營，很講究計劃性。他們從來不會操之過急，無論做什麼事情都按部就班。同時，這種人也比較善良，具有奉獻精神，但是有一個很大的缺點，就是缺乏主見，有盲目跟隨潮流的傾向。

有的人長著一對小而黑的眼珠，遇到事情時，眼珠在眼眶裡打轉，給人一種很機靈的印象。可惜這樣的人常常無法做出正確的判斷，而且還很固執，自以為是，因此不能輕信他們提出的主意。

眼睛小的人內心比較平穩，處事冷靜，能夠妥善控制自己。缺點是比較機械化，遇事不懂得變通，過於死板。

藉眼睛將行事風格分析透徹

瞳孔大的人感情很豐富，行為卻往往過於輕率，反之，瞳孔小的人意志堅強，做起事情來不屈不撓，很少改變主意。

人的瞳孔是人不能自主控制的，在光亮的環境當中，瞳孔的放大與收縮表示一個人的態度和心情，正面心情與負面心情之間的轉化，都可以從瞳孔的縮放表現出來。一個人興奮的時候，瞳孔會比平時明顯擴張，相反地，在生氣或消極的狀況下，瞳孔就會收縮到很小。

觀察瞳孔的變化來揣度對方心理，是商人常用的方法。他們與顧客談價錢的時候，都會注意對方瞳孔的擴張程度。已故船王歐納西斯與人談生意時一般都會戴著

瞳孔太大的人：散漫

墨鏡，如此才不會洩漏心中的想法，他的這個習慣人盡皆知，相當出名。

觀察發現，瞳孔大的人感情很豐富，行為卻往往過於輕率，計劃不夠周密，常常是興之所至就立即動手，可一旦遇到困難又會很快地打退堂鼓，缺乏應有的韌性和毅力。

反之，瞳孔小的人意志堅強，做起事情來不屈不撓，很少改變主意。由此可知，瞳孔大的人意志散漫，缺乏恆心，機會來了也抓不住。

但是，這種情況是可以改變的，我們不妨從小孩子身上取經：小孩茫然的時候常常會張大嘴巴，瞳孔也由於放鬆而擴大，但當他們閉緊嘴巴，瞳孔就會跟著縮小。也就是說，透過「咬緊牙關」的方法，可以改變這種習慣。

眼睛圓的人：悟性好

眼睛圓的人給人較機靈的印象，這樣的人比較聰明，反應靈敏，常常憑著第六感行事。這種人的不足之處是比較貪心，很容易得寸進尺，沒有什麼信義可言。不僅如此，他們經常自以為是，自尊心很強，做事武斷。

儘管外表看起來很威武，但實際上內心非常脆弱。

有些人的眼睛特別圓，特別突出，就像金魚的雙眼一樣。這樣的人做事常常是大剌剌的，對任何事都是一副滿不在乎的模樣。

眼睛下陷的人：自律

有的人眼眶下陷，就像一個深邃的洞穴。他們做事情比較慢，而且很仔細，能夠透過事情表面的現象看出本質，具有很強的洞察力。

但也由於做事冷靜，總是三思而後行，因而給人膽子較小的印象。

他們一般都能夠廉潔自律，內心世界很坦白，是人們常說的謙謙君子。在實際狀況中，他們的衣食住行也確實比較樸素，如果能夠為官，無疑會是比較清廉的政治人物。

眼睛大，個性靈活開放

大眼睛的女性通常不會做壞事，不會害人。她們的性格開朗，心中瞞不住事情，若是有什麼心事，必會在有意無意中流露出來。

眼睛大的男性：好說空話

擁有一雙明亮的大眼睛是一件幸福的事，因為這不僅讓外型更迷人，還象徵著靈活的個性。

眼睛大的男人，一般比較靈活大膽，各方面的能力都不錯，辦事效率高。他們善於花言巧語，性情活潑、態度和藹、善解人意，很會迎合女性的心理，也很能打動女人的心，特別是虛榮心較重的女人。

由於有辦法讓女孩子在不知不覺的狀況下對他傾心，因此，這種男人談戀愛的

成功率很高，而且自稱是花花公子。

大眼睛的男人很會說話，音質優美，是天生的演說家，善於辯論，很擅長抓住對方的話柄。但是這種人的心地很善良，不會認真地去看待辯論的輸贏，所以給人一種心胸比較開闊的印象。

他們的心裡往往會想一些虛幻的東西，並且四處張揚，可實際上未必會付諸行動，好說空話。

這種人的想法和計劃很多，但沒有幾件會真正付諸實踐。有時，即使真的去做，也總是虎頭蛇尾，難以獲致成功。

眼睛大的女性：藝術感強

很多女演員都有一雙明亮又大的眼睛，這並非僅僅由於外型亮眼，還因為大眼睛的女性天生具有較優異的表演才能。

眼睛大的女人較有藝術天份──靈魂之窗是展示女性美的重要地方，大眼睛的女孩可說是得天獨厚。女人擁有一雙明亮的大眼睛，是一件很幸運的事情，得以為

她增添幾分迷人的魅力。畢竟，在一般人的心目中，漂亮的女人都生著一雙迷人的大眼睛。

大眼睛的女性通常不會做壞事，不會害人。她們的性格開朗，心中瞞不住事情，若是有什麼心事，必會在有意無意中流露出來。

這種女性在談戀愛的時候比較開放，不會過度羞怯忸怩。即便作為一般的朋友，大眼睛的女性也比較容易接近。

有趣的是，兩隻眼睛距離較大的女性，與人交往也比較容易。在婚姻上急於求成的男人，追求這類女性會更容易達到目的。

眉毛是判斷性格的重要指標

眉毛同時上揚或者相互趨近，表示嚴重的煩惱和憂鬱，慢性疼痛病症的患者便經常如此。

眉毛乍看不太重要，卻被稱為「保壽官」。

從生理上來說，眉毛對於保護眼睛是有極大功勞。在美學功能上，眉毛的作用也不容小覷，「眉清目秀」向來是貌美的重要指標。

眉毛位於雙眼之上，一個人眉毛長得是否對稱，與他的性格和能力有一定的關係，古人甚至經常根據眉毛長短來判斷人的壽命。

最優秀的眉毛要求滿足四個條件：「清秀有光」、「疏爽有氣」、「彎長有勢」、「昂揚有神」，也就是說，眉毛應該展現出光、氣、勢、神。

眉毛帶有光澤，顯示生命力旺盛。年輕人的眉毛大都比較光潤明亮，老年人的眉毛往往比較乾枯缺乏光彩，正是因為年輕人的生命力旺盛，老年人的生命力則開始衰退。擁有神采奕奕的眉毛能給人良好的印象，得到他人更多的提攜，成功的可能性自然更大。

以下，就從眉毛的幾種形式，來討論與性格之間的關係：

• 眉毛疏朗的人有修養

生就一副疏朗有氣的眉毛，會給人一種朝氣蓬勃的印象。眉毛不在多少，只要有生氣，就會給人一種良好的感覺，使他人另眼相看。如此自然會得到不少幫助，讓成功的可能性大為增加。

• 眉毛長而有勢的人易成功

具備這類眉毛的人，正如一句話所形容「一望有乘風翱翔之勢」。可以這麼說，此類眉毛具備了光亮、疏朗、昂揚的優點，給人很好的印象。

每當我們的心情有所變化，眉毛的形狀也會跟著改變，進而傳遞出許多不同的重要信號，一般有以下幾種：

· 揚眉

眉毛有氣象、有起伏，給人一種明朗高雅的感覺；眉毛短促而有神氣，也帶來一種氣勢感。

如果眉毛太長且缺乏起伏，就會像一把直挺挺的劍，讓人覺得過於直率坦白。這種人的脾氣比較火爆，喜歡爭強好勝，一輩子都把自己攪得不得安寧。反之，如果眉毛太短，甚至露出眉骨，又缺乏應有的生氣，就會給人過於單薄的印象。這種人個性刻薄，甚至會無端地跟他人過不去。

· 皺眉

眉毛並非垂直降低，而是同時略微內向，使兩眉之間的距離較平時接近。

皺眉有兩種，一種屬於防護性，只為保護眼睛免於受到外界的傷害；另一種則

帶有侵略性，表現出單純的不同意，或煩惱、盛怒等情緒。

・挑眉

這是前述兩種動作的混合，眉毛一邊降低，另一邊上揚。它所傳達的資訊，介乎揚眉與低眉之間，半邊臉顯得激越，半邊臉顯得恐懼。出現這種表情的人，心情通常處於懷疑狀態，揚起的那條眉毛就像是提出的一個問號。

・結眉

眉毛同時上揚或者相互趨近，表示嚴重的煩惱和憂鬱，慢性疼痛病症的患者便經常如此。

・閃眉

眉毛先上揚，然後在瞬間下降，這種向上閃動的動作，是全世界最常見的重要歡迎信號，它還經常用於一般對話，達到加強語氣的效果。

眉毛連續閃動是一種近似丑角的表情，以誇張地表示情緒。

‧聳眉

眉毛先揚起，停留片刻後再降下，與閃動不同之處即在短暫的停留。這種動作有時是單獨發生，有時會伴隨著嘴巴的聳動，所表示的感情多為悲傷、驚訝或是厭惡的。

摸清鼻子和脾氣的連帶關係

要觀察一個人的脾氣是暴躁還是安靜，膽量是大還是小，鼻子所提供的資訊非常重要。

鼻子是人的呼吸器官，相當重要，因為人的身體需要足夠的氧氣才能確保血液循環，進而產生熱能。

鼻孔是人體一個永遠不停的通道，從出生那一刻開始，一直到死亡為止，都得透過鼻子吸收新鮮的空氣，並排出廢氣。

人的鼻子與臟腑關係非常密切，因此可藉以瞭解人的健康狀況。

鼻子可分為三部分：兩眼之間最低的地方稱為鼻根，也稱做山根；中部稱為鼻樑，尖部被稱為鼻頭。

考古學家研究證明，人類祖先的鼻子比較低，後來大腦越來越發達，鼻子才變得越來越高。

那麼，對於現代人來說，怎麼樣的鼻子才算標準？

一般來說，鼻子的長度最好佔臉部全長的三分之一，高度則在長度的三分之一左右，這樣的鼻子被稱爲長鼻子或高鼻子，也就是最標準的鼻子。

有意思的是，遠從漢朝起，中國人就稱西洋人爲「高鼻子」。爲什麼東方人體質不如西方人，特別是男人的體質差異更大？除了人種不同之外，是不是也與鼻子有些許關係？

觀察鼻子，對於瞭解人的性格、心智等，又有什麼重要的意義？

古人曾經說過：「鼻者面之山，不高則不靈。」「鼻通於氣，以察神志之躁靜，心膽之強弱，爲人生最重要之竅象。」

這兩句話的意思是說，要觀察一個人的脾氣是暴躁還是安靜，膽量是大還是小，鼻子所提供的資訊非常重要。由此可見，古人在「鼻子觀人」這一點上已經累積了豐富的經驗，並得出可信的結論。

• 鼻子過於高大——自私

長著這種鼻子的人外貌出眾，但是由於氣勢太盛，給人的印象總不脫唯我獨尊、旁若無人。

他們是利己主義者，比較自私，做事大都只為自己打算，對他人多漠不關心。

因為很缺乏自知之明，所以不容易聽別人的勸告。

如果女性有這樣的漂亮鼻子，肯定是個十分自信的女人，但由於帶著一股極強的攻擊力，因而缺乏一般女人特有的溫柔。這種女性說起話來盛氣凌人，並且語言尖刻，容易傷人。

• 鼻子高細——巧於辭令

大凡能言善辯者，往往是鼻樑又細又高的人。他們談吐超群、巧於辭令，但也因此顯得過於輕浮，不容易有好的人際關係。

言語尖刻的人，一不留意就會傷人，因此，應該明白「禍從口出」這個道理，

謹慎地管住自己的嘴。

• 鼻子高而無肉——愛說空話

有的人長著一條高高的鼻樑，卻只見骨不見肉，給人華而不實的印象。他們說起話來滔滔不絕，實際上卻沒有什麼真本事。

鼻樑高本來是容貌好看的條件，但如果鼻樑高而無肉，就會顯得突兀、怪異，自然給人一種「不可輕信」的感覺，認為他們做事既不認真，也不踏實。這種人應該更加留意為人處世態度，力求做到言而有信，靜下心來完成一些實實在在的事情。

與此相反，鼻樑高而有肉的人則有很強的行動力，敢於拚搏、吃得了苦，不怕困難，事必躬親。

鼻子細小，做事相對潦草

有人把鼻樑視為臉上的柱子，相當有道理。粗壯的鼻樑就如同一根柱子，能夠「支撐臉面」，使人顯得可靠。

鼻孔太小的人：節儉

鼻孔小的人通常很節儉，有時甚至吝嗇，給人愛財如命的感覺。他們從來不會輕易亂花一分錢，只要有錢就會存下來。

但研究發現，這種人總是很難富有，且因為過度小氣摳門，所以很難結交知心的朋友。他們得到的錢，都是花費很大的心力掙來的。

同樣的道理，鼻孔大的人被視為容易「漏財」者。他們辦事不懂得精打細算，總是隨心所欲。面孔小鼻子大，更被當成是「漏財」的標準長相。

事實上，能夠致富的人，往往正是這種捨得花錢的人，因為賺錢就要靠「四兩撥千斤」的手段。

鼻子豐滿的人：精明

這種人善於精打細算，把錢看得很重，對輸贏也很重視。他們行事穩重，處理事務比較有條理，但是也因為太看重輸贏，所以心理承受能力比較差，一般禁受不了突如其來的打擊。

鼻翼豐滿給人富態的感覺。一般來說，這種人體格比較健壯，如果當運動員，可能會取得不錯的成績。

「圓滑」是經常被用來形容八面玲瓏者的詞語，肥腴、呈現圓形的鼻頭，也帶給人們這樣的聯想。這種人是典型的外向型社交家，樂於幫助他人，展現出濃厚的人情味和同情心。這種人的缺點，是做事缺乏明確的計劃性，不懂得適度劃分事情的輕重緩急，也因此耐力較差。

鼻子細小的人：粗心

有人把鼻樑視為臉上的柱子，相當有道理。粗壯的鼻樑就如同一根柱子，能夠「支撐臉面」，使人顯得可靠。鼻樑太細會讓人覺得鼻子「撐不起臉面」，不值得輕信。他人的這種行為暗示，往往也會對於這種人造成影響，慢慢地，他們就真的「撐」不起來了，逐漸缺乏鬥志、做事懶散，總是抱著得過且過、做一天和尚撞一天鐘的心態。這種人只能做一些簡單的事情，一旦需要冒險，就會立刻打退堂鼓，一輩子都只能當手下，很難擔任領導者去指揮人。

有的人鼻子細小且扁平，臉上缺乏起伏，彷彿平原，給人一種很不起眼的印象。正是由於不被重視，所以形成一種隨性的生活習慣。

這種人的約束力很差，做事缺乏目的。女性如果生就這樣的鼻子，往往禁不住誘惑，很容易上當受騙。

鼻子細小扁平的人要注意自我管理和修養，凡事都該預先制定出明確無誤的計劃，特別留意不要隨意聽信別人的花言巧語，以免後悔莫及。

豐滿鼻樑象徵意志堅強

鼻子粗壯的人對生活充滿熱情，給人一種隨可靠的印象，喜歡與人打成一片，性格開朗。

人們在觀察陌生人的時候，必定會先看對方的眼睛，接著再看鼻子，這是由於鼻子位於臉的中部，而且突兀而起，容易引起注意。

古人將鼻子稱為「面之山」，認為鼻子是「個人精力的表現」。一個人若是擁有一條具有充分長度和高度的鼻子，長有豐滿的肉、鼻樑筆直，容貌就會給人良好的印象。

這種人的鼻樑不像一般標準的鼻子，中段肉比較多，讓人感到很踏實。他們的意志堅強，無論是在家庭裡還是事業上，都能夠獨當一面。同時具有較強的能力，

財運也比一般人好。此外，因為工作踏實，任勞任怨，還有不錯的交際能力，往往事業有成。

古今中外，大人物絕大多數都屬於鼻樑豐滿者，為什麼會如此呢？從上面的論述我們可以看出，這是自然而然的事。

鼻子粗壯的人對生活充滿熱情，給人一種隨可靠的印象，喜歡與人打成一片，性格開朗。

他們的適應能力很強，朋友眾多，有辦法得到許多人的幫助。這種人對工作很認真，做什麼事情都會全力以赴，且由於他們的努力，連帶地提升了成功的機會，從而形成堅定的信心，無論做什麼事情都充滿生氣。

從鼻子看出暗藏的心思

人的鼻孔脹大往往導因於內心憤怒、恐懼或是高度興奮，鼻頭突然冒汗，表示心理感到緊張或焦躁。

鼻孔上翻的人：貪財

袋子是用來裝錢的，而鼻孔像袋子一樣向上翻的人，也讓人們感覺他們的鼻子是裝錢的袋子。

這種人掙錢的欲望強烈，見錢就抓、有錢就賺，愛錢如命。但是他們只想進不想出，一分錢也捨不得花，就是典型的守財奴。

有的人鼻孔往上翹，甚至鼻毛冒出鼻子外，就像拿著一把槍指著別人。看到這種人，人們必定會覺得他們十分粗野。

鼻孔上翻的人中氣很足，說話聲音宏亮，而且常常「出口成髒」。他們做事魯莽，既不講求情理，也不講方法，讓人難以接受。

鼻子發紅的人：腸胃不好

鼻頭部分經常帶紅色的人，往往是飲酒過量者，腸胃已經受到酒精的嚴重侵蝕。一個人如果腸胃不好，對身體絕對會造成相當嚴重的負面影響。因此，鼻子發紅的人要特別注意身體。

此外，這對於外貌也有不良的影響，很多人初次見到這樣的人，都會留下不太好的印象。

這種人愛慕虛榮，總是誇口自己有多行，想讓人看得起，卻不認真去學習真正的本領。

鼻頭冒汗的人：心理緊張

鼻頭冒汗代表心理和生理都處於緊張。

這種情況的出現，究竟根源於何種原因，必須根據具體情況加以判斷，例如當時談話的內容、場景，對方的態度等等。

在與人交流時，如果氣氛令人感到緊張或焦躁不安，那麼，當事者不僅鼻頭會冒汗，腋下、掌心也會出汗。

但如果這種情況發生在雙方沒有利害關係時，就可能是當事者的心裡感到慚愧，良心受到了譴責。

在與人交流的過程中，如果對方的鼻孔稍微膨脹起來，大部分時候表示正感到不滿。人的鼻孔脹大往往導因於內心憤怒、恐懼或是高度興奮，因為無論是憤怒還是興奮，都會使呼吸急促、心跳加快，導致鼻孔膨脹，是精神亢奮的一種重要表現。

在交流過程中，如果對方鼻頭突然冒汗，表示心理感到緊張或焦躁，可加以特別留意。

鼻子噴氣的人：做事不順

鼻子經常噴氣的原因，有以下兩方面：一是心情煩躁，二是身體不適。心情煩

躁是暫時的現象，身體不適可能是長期不良狀態導致的影響。

對於事業發展與人際關係，都會造成不良的影響。

這種人最好要多加修練自己的品格，學著不要過度悲觀或是嚴重化，不要將許多根本不重要的事情掛在心上。

此外，也要多加留意自己的身體狀況，唯有擁有健康的身體，才能更加著力發展自己的事業。

這是一種不好的習慣，要努力克服。只要讓自己的心情舒暢，就用不著如此怒氣沖沖的了。

05

What kind of person are you!
I know

體格透露著你的性格

決定身材好壞最重要的一點為「是否協
調」，在透過身材來觀察人的同時，一
定要結合各種因素一併考慮，
才不會失之偏頗。

體格透露著你的性格

決定身材好壞最重要的一點為「是否協調」，在透過身材來觀察人的同時，一定要結合各種因素一併考慮，才不會失之偏頗。

可能很多人都不知道，事實上，你還沒有開口，身材已經在為你進行自我介紹了。它毫不保留地告訴別人的，不但有你的體力，還包括你的智力；不僅有你的體格，還有你的性格甚至命運。

世界上的人形形色色，專就身材而論，也同樣各有特色，但是大體上可依高、矮、胖、瘦簡略分成四大類。

有人曾以下列八個漢字來描述一個人的形體：好形體是童、田、貫、目；不好的形體是丁、甲、由、申。一個人的身材、臉型、頭型等，都能很容易地歸入到這

此類型中去。

然而，真要評斷哪種身材好、哪種身材差，什麼樣的身材較美、什麼樣的身材較醜，多少都免不了涉及到人們的審美意識，以及評判者的個人好惡。

一般認爲，決定身材好壞最重要的一點爲「是否協調」。但是某種身材是否協調，不能一概而論，不同的人種與民族之間，身材必定有所差異。

除了人種與遺傳的因素，溫度、空氣、水土、飲食結構等方面，對一個人的身材——特別是身高，也有很大影響。

此外，環境的改變，常常會促進人的身體發育，例如第二次世界大戰之前，日本人的個子比較小，被戲稱爲「小日本」。但到了現在，由於經濟高度發展，飲食方式和習慣產生很大的變化，日本人的下一輩已經長得比上一輩高了。

因此，在透過身材來觀察人的同時，一定要結合各種因素一併考慮，才不會失之偏頗。

心寬，自然體胖

身體肥胖的人遇上挫折，往往具有較強的抵抗力，不過，常常因為過於衝動而失去理智。

審美觀是會彈性改變的，即使是在同一個國家，不同時代人們的審美觀念也不盡相同。

中國古代唐朝，女子以豐滿為美，宋朝則以「人比黃花瘦」為美。來到現代，苗條的身材特別受到青睞，有些人甚至以為越瘦越好。看看電視上令人目不暇給的減肥廣告，就知道此話不假。

於是，「肥胖」與「醜」幾乎成了同義詞。

其實，從美學的角度來說，胖並不等於醜陋，瘦得像一根細瘦的竹竿才是不正

常的，可惜一般人並非這樣想。

哪些因素決定了一個人將成為胖子呢？

研究顯示，如果父母都屬於身材肥胖的人，子女們有五成以上機率會成為胖子。如果一個人的身材胖瘦，有一半的決定權掌握在自己手裡，也就是說，可以透過合理的飲食和充分的運動來調節。

身體肥胖的人，在性格上可能有哪些缺點？

其實，並不盡然都是缺點，許多人不知道的是，如果遇上挫折，身體肥胖的人往往具有較強的抵抗力，他們不會輕易服輸。

不過，這種人有一個不足之處，就是原則性比較差，常常因為過於衝動而失去理智。因此在事業發展上，身體肥胖者容易大起大落。

胖男人往往對什麼事都看得開，但可千萬不要為嘴傷身，畢竟肥胖者大都有貪吃的習慣。

這種人的性格比較豁達，心地比較善良，人緣往往比較好，大都與世無爭，只

想盡心盡力地完成自己份內的事情。

其實這類人之所以發胖，其中一個重要的原因，就是心情舒暢，因此應了「心寬體胖」這句諺語。

中國人有個習慣，將豐腴的女人稱爲「福態」。「福態」者，富足的姿態也。

有錢人吃得好，所以才發胖，連飯都吃不飽的人絕對不會成爲胖子，「喝水都會胖」的說法是不可信的。

因此，在一般人的心目中，胖的人多少帶有福相。

不過，福態的男性和女性都不要忘了適度地控制飲食，因爲過於「福態」對身體也沒有太大好處。

瘦長型的人比較精明

身材清瘦且野心勃勃者，應該告訴自己，不要忽略了真正重要的健康因素，以免得不償失。

瘦男人：敏捷

有人說：「胖子只有一種，瘦子卻有千萬種。」

只要你仔細觀察，便會發現這句話有一定的道理。

有的人瘦得只剩皮包骨，就像冬天的枯枝，一副弱不禁風的模樣。但有的人看起來雖然瘦，卻給人很有精神的感覺，瘦得好看、瘦得獨特。

如果一個男人剛好是屬於上述的後者，那麼他肯定具有堅強的信念，面對逆境時不會怨天尤人。

在社交過程中，一般的情況下，採取的手段往往比較精明，態度比較圓滑，善於把

瘦女人：精明

身材較瘦的女人同樣擁有周密思路，為了達到目的，經常不擇手段。這種女人

但要特別留意的地方，是這種人經常憂心忡忡，體質普遍比較差，經受不起太大的挫折。

他們指出，體型瘦長的男人往往比較聰明，既善於思考，反應也相對敏捷。瘦長型的男人大都都懂得自尊自愛的道理，辦事謹慎，又具有一定程度的創新精神。

長時間研究後發現，人的體型與性格，確實有相當密切的關係。

美國紐約大學教授希爾頓、英國倫敦聖湯瑪斯醫院的教授泰納等人，都在經過

瘦，他們獲得成功的原因，極有可能就在這裡。

瘦男人較善於思考問題，擬定對策。我們可以發現，許多事業有成者都比較清

退卻的念頭，深信「人定勝天」。

在這種人的詞典裡，只有「奮鬥」、「努力」一類正面的詞語，不會輕易產生

握住人生、現實，以及周圍的人事物。因此，她們常常都是以強者的姿態活躍在社會上。

不過，太精明也不是一件好事。人之所以瘦，有一部分原因在於過度勞心勞力。所以，身材清瘦且野心勃勃者，應該告訴自己，不要忽略了真正重要的健康因素，以免得不償失。

看透身高導致的性格差異

個子矮的人比個子高的人更喜歡表現自己，之所以這麼做，就是在竭力證明自我的存在價值。

身材魁梧：為人坦蕩

不可否認，身高是最容易令人一眼看見的個人特色之一，可惜只有三十％的主動權掌握在自己手裡。

專家們經過長期研究發現，決定身高的因素，有三十五％來自父親，三十五％來自母親。如果父母的個頭都不高，那麼剩下三十％的後天因素，就是一個人力求長高的可嘗試範圍了。

另外，有人際關係學家指出，不管是屬於哪一種人種，絕大部分女性都很喜歡

魁梧的男性，原因在於男性高大的身材、厚實的肩膀和強而有力的雙臂，是能藉以遮風避雨的港灣，女人會為此產生安全感。

正是由於擁有以上這些天生的優勢，身材魁梧的男性較受歡迎，給人的感覺也比較坦蕩。

研究顯示，身材魁梧的人性性格很強。高大的人往往有很強烈的進取心，喜歡冒險，在體育運動、體力勞動等方面有很好的素質。由於擁有足夠的本錢，所以他們多有比較強的領導才能，喜歡指揮別人。

這種人的弱點，是性格很固執、獨斷專橫、爭強好勝。

一般說來，他們的疑心病很重，辦事比較急躁，考慮不夠周延，容易遭受挫折。在事業發展上，這樣的人不是轟轟烈烈，就是一生沒沒無聞。

身材矮小：點子多

相較之下，個子矮小的男人多比較自卑。

其實任何一件事的好壞，都無法從單方面論定。不能說個子高就絕對好，個子

矮就絕對不好，例如矮個子有一個普遍的優點：點子多。

古來就有「矮子心多」這種說法，意思是說，個子矮的人頭腦比較靈活。確實如此，個子矮小的人通常聰明伶俐、能言善道，他們機警、有智謀、反應敏捷、辦事認真。

吃苦耐勞對他們來說只是小菜一碟，矮個子的人所展現出的強大智慧和耐力，經常令高個子者自嘆不如。

許多研究資料顯示，五短身材的人大都地位較高，歷史上知名的領袖人物，很多都是矮個子。

對此，生理學研究也提供了一些依據以爲佐證。

人的體能與細胞變化、化學物質的交換及代謝作用關係十分密切，神經衝動在人體內的傳播速度是相同的，因此，一個人的個子如果太高，對外界的反應自然比較遲鈍，因爲神經衝動在人體內傳播較慢。

個子矮的人對外界的反應比較靈活，原因就是神經衝動在體內傳播需時較短。

大象沒有老鼠靈活，正是同樣的道理。

矮個子往往身居高位，除了生理的原因，還有心理方面的因素。

大部分人都有一種印象，在日常生活中，個子矮的人比較喜歡出鋒頭，喜歡表現自我。關於這點，心理學家認為，這是逆反心理所發揮的作用：由於不少女性選擇對象的重要條件之一就是身高，男性如果達不到一定的標準，就容易感到自卑，於是便四處尋找表現的機會，力求找回自己的尊嚴，以贏得女性的青睞。

個子矮的人比個子高的人更喜歡表現自己，之所以這麼做，就是在竭力證明自我的存在價值。

這種人的不足之處，就是比較容易衝動，雖然成功的機率很高，但也可能會招致不必要的挫折。不過，他們決心要辦的事情，最後大都會成功。

個子越高，婚姻越不牢靠

在靠體力生存與競爭的情況下，高大的男人通常都是強壯的獵人，自然也會成為情場上更有利的競爭者。

美國有一項研究顯示，個子長得越高的男人普遍越花心，在感情上越容易「劈腿出軌」。

這項研究，是由美國雪城大學與德國馬爾堡大學攜手進行，書面報告曾經發表在《新科學家》雜誌上。

他們研究了美國西點軍校五十屆畢業生的婚姻狀況，發現長得越高的男生婚後越容易出軌，多會在離婚後再娶年輕貌美的女子。

許多事實證明，身材高大的男人擁有較多子女，因為他們一生中通常結過數次

婚，與不同的女人生過孩子。

研究者之一的梅若博士說：「男人外型越具吸引力，第一段婚姻失敗的機會便越高，而身材魁梧正是使男人具有吸引力的重要原因。」

紐卡斯爾大學進化及行為研究小組的拉札勒斯教授則表示，高大的男人之所以容易受到女性青睞，原因與早期人類的狩獵社會有關。在靠體力生存與競爭的情況下，高大的男人通常都是強壯的獵人，自然也會成為情場上更有利的競爭者。

不過，高挑身材帶給男人的不全是好消息，科學研究發現，男人的身高與心臟病具有一定的關聯性，高個子男人罹患心臟病之後的死亡率較高。

美國科學家對兩萬多人進行詳細觀察後，得出結論：雖然身高一八五公分以上的男人發生心臟病的機會，比一七○或不足一七○的男人低大約三分之一，但是，高個子的人一旦得了心臟病，死亡率往往高於罹患心臟病的矮個子。

抬頭挺胸的人充滿信心

挺胸是自信的象徵，從行為語言的觀點來看，將胸部挺起表示容許對方侵入自己的勢力範圍。

挺胸的女性：性意識強

簡單來說，行為語言會因所屬國家或文化習慣的不同而有所差異，單是拿「手置於胸前」的動作為例，就可能帶有完全不同的暗示。

以胸部而言，由於性別差異，便會導致行為語言上的極大區別。

這種差異可引用迪斯蒙德·摩里斯的一句話說明：「成年女性，具有二個膨脹的碗型乳房，這在靈長類之中，可說是獨特的存在。乳房即使在不分泌乳液時，也明顯地隆起，明確地表示著它不單是哺乳器官而已。」

女性做出宛如愛撫般一手置於胸部的動作，其他女性不一定會注意，但是，在男性眼裡，就和看見擺動臀部走路的女性一樣，必定會感覺到充分表現出來的性暗示。

別小看了胸部語言的重要性。男性出於對性的關心所發出的視線，集中程度最高的部位正是胸部。

挺胸的男性：有自信心

我們從小便接受著「要做一個光明正大、頂天立地的人」的教育，而「頂天立地」的外在表現就是「挺直背脊」。由此可見，肢體行爲語言與精神上的意義並非毫無關係。

專門研究非語言情感傳達的學者尼連巴克，在《瞭解人心的技巧》一書中指出：「知道必須藉提高業績使自己晉升的人，必然採取堂堂直立的姿勢，這是充滿自信的表示。」

一般而言，挺直背脊的人充滿自信，但是容易受到刻板觀念的束縛，略微欠缺

精神上的彈性。

挺胸是自信的象徵，從行為語言的觀點來看，將胸部挺起表示容許對方侵入自己的勢力範圍。換句話說，正是因為充滿自信，縱使讓他人進入勢力範圍，仍然十分放心。

挺胸可以和自信畫上等號，這麼做的人表示居於絕對的優勢。但有一種同屬「挺胸」的動作，卻源自於補償性的行為習慣，例如，許多矮個子都喜歡挺起胸膛走路。他們為了引人注目，也為了彌補自身個子矮的缺點，便盡量挺起胸膛，想要讓自己看起來比實際上高大。

腹部也會傳遞各種訊息

雖然腹部缺乏手、腳、臉一樣明顯的動作變化，但只要仔細觀察，就能發現其實也具有豐富的「表情」。

觀察軀幹部分的「肢體語言」，也可用於了解一個人。

明顯例證如下：一個人如果挺起腹部，或是突出腹部，就是以行為語言表示傲慢。再如，跟人交談之時解開上衣鈕扣，敞開胸懷，就是所謂的「開放勢力範圍」，讓對方完全解除警戒心，這點可由「推心置腹」、「打開胸襟」等說法中獲得驗證。

另外，從腹部透露的訊息，也會表現在皮帶或腰帶的繫法上。例如重新繫皮帶或腰帶的動作，可視為在潛意識中對自己打氣的行為，象徵著重新振作。下腹用力，往往是準備再度面臨挑戰的表示。

反之，在時間延續很久的場合裡，如果不斷地用手整理皮帶，做出放鬆的動作，那就表示當事人對於這種氣氛感到疲倦，想藉由放鬆腹部達到從精神緊張狀態中解脫的目的。

這個動作可視爲放棄繼續努力的意志，或暫時解除對立關係等。

雖然腹部位於人體的中央部位，缺乏像身體末端的手、腳、臉一樣明顯的動作變化，但只要仔細觀察，就能發現其實也具有豐富的「表情」，能夠清晰地傳遞各種訊息。從精神意義的角度看，腹部是人體最重要的中心部位，相當於該人的存在、人格象徵。

此外，軀幹本身的形狀與人的壽命有密切關係，資料顯示矮個子往往比高個子長壽，男性身高在一六五到一六八公分、女性身高在一五七到一六〇公分之間，體能潛力和內臟功能最佳，消耗熱量相對較少，有利於延壽。

挺出腹部，強化支配意圖

凡是採取挺腹姿勢者，多少都帶著極為濃厚的自我誇耀意味，具有藉以威懾、支配對方的意圖。

腹部突出的男性：自我誇耀

古來英雄、豪傑，大都屬於大腹便便的類型，富豪、領導者也多半擁有此類體型。腹部突出，等同於將自己重要且脆弱的部位，毫不在意地往前挺出，表現一種處於優越、無防備的狀態之下才有的自信、滿足、輕鬆。

反之，抱住腹部的蜷縮姿勢，則可視為受到不安、不滿足、消沉、沮喪等情緒支配導致的防衛狀態。

在一般情況下，挺腹與收腹狀態，在精神、肉體活動方面傳遞出的差異，相當

明顯。從腹部的行為語言來看，凡是採取挺腹姿勢者，多少都帶著極為濃厚的自我誇耀意味，具有藉以威懾、支配對方的意圖。

據說，許多大機構喜歡雇用腹部突出的男性擔任警衛，根據上述的行為語言加以分析，這種做法確實有一定道理。

腹部緊縮的男性：有性聯想

腹部相關的行為語言術，除了上述一種傳統的解釋之外，還有另一個具有關連性行為的看法。

根據紐約亞伯特‧愛因斯坦醫學大學精神醫學教授斯克姆爾博士，以及坦布林大學人類學教授威斯特爾博士的學說，男性期望產生積極性行為時，下腹部肌肉會處於緊張狀態，相反地，性期望變成消極狀態時，下腹部的肌肉便會鬆弛下來。

男性會在潛意識中做出這類肉體準備，女性則可以憑藉本能上的敏感察覺出來。無論男性或女性，準備與異性見面時，在潛意識的影響下，肉體會產生若干變化，對預期可能發生的性行為產生易於適應的狀態。從外表上看，全身的鬆弛狀態

減少，臉部肌肉也跟著緊繃。

其中，最引人注目的，是散發出來的積極氣息，尤其是平常挺著鬆垮腹部的男性，只要一緊縮下腹，便是進入「備戰」的表現。

臀部擺動大的女性：性欲強

接下來，讓我們略加探討臀部的象徵意義和訊息傳遞。

臀部，屬於傳送「性的信號」的部位。

所謂「夢露型步伐」（Momroe's Walk），曾一度使得世界上的男性為之傾倒。

「夢露型步伐」是美國女明星瑪麗蓮‧夢露表現性誘惑力的走路姿勢，大幅度搖擺臀部的姿態，對男性而言，必然會產生強烈的挑逗力。

根據某家內衣製造廠商的調查顯示，男性注視女性的背部時，視線最先投向的部位就是臀部，這個結果充分證明了臀部是傳送性信號的重點部位。

06

What kind of person are you!
I know

觀察，
就是最好的識人方法

狡滑的人會將會議內容以及每個人的話
一點不差地呈現給高層，卻不會表明半
點自己的看法與觀點。

經營真感情，靠吃醋萬萬不行

男性常有好色的毛病，至於女性，則普遍有「愛吃醋」的傾向。不愉快就會產生嫉妒、吃醋等情緒。

男性經常失戀：自私

生活中，必定曾經聽到失戀的男性這樣抱怨：「我哪一點比不上那個人？論年齡、相貌、能力、言談、地位，樣樣都不輸人，可是她居然把我拋棄了，到底為什麼？」

很多研究資料顯示，男性之所以失戀，一般都是因為經驗不足。太看重自己，處處只顧著自我表現，把對方擱在一邊，導致了感情的破裂。

在女性的眼中，這樣的男性會被看成是狂妄、自私、狹隘的，因此多不受歡

迎。除了一心追求金錢和地位的少數人，絕大多數的女性都不會愛上讓她們反感的男人。

男性在愛情上不斷受挫，會使負面情緒像傳染病一樣蔓延，在事業上形成一種惰性，使他們慢慢地失去上進心。

因此，專家指出，對於經常失戀的男性，不能一味地只給予同情，更應該幫助他們重新找回自我，增加自信。

「天涯何處無芳草」、「人生處處有春天」，此類格言對他們來說，比較有積極意義。

男性好色：沒有真情

實事求是地說，容貌是女性天賦的本錢，但是女性的動人之處，並不是只有美麗而已。

有些男人，對於女性的美貌總是表現得垂涎欲滴，為了女人可能給予他們的感官快感，不惜一擲千金。

看重女人姿色的男人，眼光必定相當敏銳，可惜沒有真情。

一旦有漂亮的女人出現，他們的眼裡就會放出異彩來，即使當下正遇到不高興的事情，心情也會很快地改變。

理所當然，這樣的男性很少會流淚，通常不會動真感情，根本不需要抒情，只動「性」情。

欣賞女性的美麗不是錯誤，懂得欣賞女性美麗的男人可稱得上很有品味，但若不付出真心，終其一生也得不到女人的愛。

這樣的男人大都只注意享受，不大會創造，常常是些紈褲子弟，很難有太大的發展，不是能夠託付終身的理想對象。

女性吃醋：無事生非

男性常有好色的毛病，至於女性，則普遍有「愛吃醋」的傾向。

曾有人開玩笑說世界上不吃飯的女人可能有幾個，不吃醋的女性卻一個也沒有。這話可能過於絕對，但揭露了某種程度的真實，這點無庸置疑。

一般來說，女性對於愛情比較專一，為了維持感情，相當容易嫉妒和吃醋。這兩個詞，幾乎成了女性的代名詞。

見到男友或丈夫對別的女人產生好感，吃點醋情有可原，但常常與別的女人比吃比穿、比名譽比地位，這就不太好了。

任何人都不可能十全十美，但是有很多女人不明白這一點，常常拿自己的不足之處與其他女人的長處比較，因此心中時時刻刻都不愉快。不愉快就會產生嫉妒、吃醋等情緒，很多女人卻不肯承認。

偷偷地跟蹤丈夫，嫉妒別人的長處，最終都是在跟自己過不去。

女人之所以吃醋是為了愛，適度吃醋也確實能幫助自己得到男人的愛，但過了分就不好了。切記，吃醋無助於保護真愛。

看出冷漠表情後的真感情

女性對男性冷漠，不是自卑，而是自信，清楚知道憑著自身擁有的能力，根本無須討好男性，就可以確立穩固的地位。

男性對女性冷漠：偽裝

無論對男性或女性，愛都是一種神奇的力量，同時也是一種巨大的心理負擔，可以讓人幸福，也可能帶來痛苦。

對女性冷漠的男性不是不會愛，而是在壓抑自己，因為他們的內心可能正遭受傷害，或者曾經受過傷害。

男性的冷漠往往是刻意裝出來的，其實他們更渴望溫柔和浪漫，只是不知該如何表達。

按照傳統觀念，或從表面上看，男性多半較堅強，其實不然，他們的感情是相當脆弱的。

常言道，哪個少男不多情，哪個少女不懷春。只不過，少男多不願意讓少女知道他們內心的弱點，因此控制感情，故意表現出冷漠的樣子，以便與女性保持一定的距離。

男性的冷漠往往是故意的，這一點相當重要。

如下的情景經常發生，舞會上，他們故意不邀請女性；在生日宴會上，他們自個兒坐在角落抽煙；在聚餐場合，他們只默默地低頭吃東西。

之所以如此冷漠，事實上極有可能是希望引起別人的注意。

對女性冷漠的男性，不懂得愛情語言，但卻具有比一般男性更大的魅力。對他們進行一些暗示，往往就可以改變他們對女性的態度。

應該理解一點：感情是需要承認和表達的，如果一個人對感情既不承認，也不表達，絕對不會為別人所理解。

與其在過了多年之後再有「恨不相逢未嫁時」的感嘆，倒不如好好把握珍貴的

感情。

有趣的是，這樣的男性一般都比較沉著，很有事業心。習慣把事情埋在心裡，漸漸累積，一旦時機成熟，就會有石破天驚、一鳴驚人的表現，展現出千里馬般的實力。

女性對男性冷漠：孤獨

同理，有的女性對男性比較冷漠，給人「面如桃李，冷若冰霜」的感覺。這樣的女性，一般來說，即使不是「窈窕淑女」，也是「滿腹經綸」。

由於知道自己的財富得來不易，不能讓它匆匆失去，在紛繁的紅塵中，她們用審視的眼光俯視一個個男性，躲避誘惑，收斂起笑容。

女性對男性冷漠，不是自卑，而是自信，清楚知道憑著自身擁有的能力，根本無須討好男性，就可以確立穩固的地位。

這樣的女性認為，什麼東西都應該順其自然，無須強求。即便受控也不會心灰意冷，而是把自己寶貴的東西珍藏起來，保存一段很長的時間。

當然，她們也會有心神不寧的時候，盼望著有一天碰上心目中的白馬王子，得

以獻出珍藏已久的「美麗」。

對男性冷漠的女性，內心多半很孤獨。

從某種意義上說，她們的冷漠比笑臉更具吸引力。

這類女性最理性之處，在能夠於人際交往中妥善處理各種關係，知道何種應該

拒絕，何種應該接受。

主動獻媚提高成功的機會

男女之間相互吸引是很平常的事情，現代人對於直接表達情感已經漸漸習以為常，喜歡看女性的男性還可能會有意外的艷遇呢！

男性喜歡看女人：苦悶

有些男人眼睛總是閒不住，經常四處捕捉女人的身影，無論自己認識或不認識。在大街上、在公園裡、在公共場所，都可見這樣的男人。

敢將目光直勾勾地盯著女人看的男人並不多，除了那些放蕩成性者，一般男人普遍沒有這樣的膽量。

大多數男人看女人，是「偷看」。趁對方不注意的時候偷偷看上一眼，過一點癮，傳達羞澀的資訊，這樣的行為，要旁觀者仔細觀察才會發現。

兩種不同的情況，代表著兩種不同的個性。

喜歡盯著女人瞧的男人，有著比較複雜的心理：有的比較自卑，有的希望引起異性的注意，有的則被「性」的問題深深困擾。

他們很喜歡看女性漂亮的臉蛋、苗條的身材、隆起的胸部或纖纖玉手，以滿足自己的興趣和需求。

這樣的男人還可以分為兩種，一種是把自身看得太高，認為自己具有足夠的魅力吸引女性。因此，不管看著什麼樣的女性，他們都不認為自己是高攀，而是瞧得起對方。

另一種則是自卑，認為自己沒有足夠的條件去征服女性，沒有機會與女性接觸，只好靠這種方式排解內心的苦悶。

第一種人常常自以為是，認為自己很了不起，但事實上可能相當平凡；第二種常常瞧不起自己，認為事事都不如人，沒有一點自信。

嚴格來說，這兩種人都不足以成就大事。

男性喜歡看女人，是一種苦悶的表現，這種男性想像有餘但行動不足，欠缺勇

敢面對現實的能力。

男女之間相互吸引是很平常的事情，現代人對於直接表達情感已經漸漸習以為常，喜歡看女性的男性還可能會有意外的艷遇呢！

男性向女性獻媚：虛偽

除了喜歡看女人，另有些男性很喜歡向女性獻殷勤，一看到女人走來，就想拜倒在她的石榴裙下。只要女人做出媚態，他們就會產生一種全身酥麻的快感。只要能和女性處，這種人無論做什麼都充滿了活力。

如果只說這樣的男人比較賤，沒有骨氣，是不恰當的。對女性大獻殷勤的男性對男女之道往往很有研究，在他們的認知裡，自己是一隻可愛的哈巴狗，女性則是一位高貴的公主。想要討公主的喜歡，當然只有緊緊地跟在她的屁股後頭，才有可能成功。

依照一般人的觀點，女性的虛榮心是很強烈的。很多現實狀況顯示，對女人獻股勤通常不大會出錯，在生日的時候送上一束鮮花，逛街的時候主動幫忙提包包，

都會在她們的心目中留下好印象。

這些印象會慢慢地累積，達到加分效果。

善於向女性獻殷勤的男性，在人際交往方面多比較突出。

會向女性獻殷勤的男性，也會向上司獻殷勤，因此升遷速度較快，雖然免不了被人罵是馬屁精，卻能平步青雲，畢竟無論什麼級別的上司，都要有幾個俯首貼耳的「下人」。

這樣的男性臉皮一般都比較厚，他們的「成功」正根基於這一點。

從移情模式看清個性

飼養寵物其實是一種精神寄託，她們是將無處排解的母愛之情寄託在小小的寵物身上。

愛花的女性：純潔

愛美之心人皆有之，對女性來說，愛美近乎於天性。

愛美的女性普遍也愛花，不同的花有各種不同的涵義。愛花的女性如果在男性的面前提起花，很可能是希望他們能有所表示。

一般來說，玫瑰表示愛情。當一個女人在男人面前談起紅玫瑰，她多半是愛上了這位男士。

愛花的女性思想較純潔，她們不僅會發出「無可奈何花落去」的傷感，也會許

下「報與桃花一處開」的心願。

看在愛花女性的眼裡，人生是美好的。

當然，花開花落，任何人都無法抗拒，所以才有林黛玉葬花這樣感傷的故事。

不過，不用害怕，因為很多男士都心甘情願當她們的護花使者。

追星的女性：偏執

很多人都有自己崇拜的偶像，按理來說，這是正常的現象，但是有些人崇拜過了頭，幾乎成為一種病態，就應該特別注意。

有此類狀況的女性不少，特別是較年輕的少女。

她們對自己心中的「星」非常崇拜，對「星」們的各種情況、動向都瞭若指掌，有些人甚至把崇拜的對象當成人生支柱看待。

這種行為自然是不成熟的表現，到了一定的年齡，當她們再回首往事，必定會感到當年的可笑。曾經在那個年代，她們的心目中只容得下一顆、兩顆星星，到了成熟之後，才會發覺原來整個天空群星燦爛。

愛收藏的女性：多情

生命是一段持續不停歇的過程，隨著時間的流逝，人的年齡慢慢地成長，從而造成外表的諸多變化。

在時間面前，任何人都只能嘆息，女性更是如此。

一個三十幾歲的女人，如果聽到別人說她只有二十幾歲，必定會很高興。女性最喜歡別人說她年紀小，因此，有人比喻說，女性最喜歡收藏青春。

一張發黃的郵票，可能記錄著一段纏綿的故事，筆記本裡一張乾枯的紅葉，收藏的卻是一個艷麗的秋日。

明信片、聖誕卡、一則日記、一句贈言、一張照片、一封信，在別人眼中看來，可能只是很平凡的東西，但卻珍藏著擁有者的酸甜苦辣，這些都是她們的生命風采，獨一無二的珍藏。

很多女性喜歡照相，喜愛收藏舊物的女性尤甚。表面看來可能只是一時高興，但在她們的潛意識中，這是讓時間駐足的好方法。

這類女性一般都很容易觸景生情，可能曾經與初戀男友撐著一把傘從某一條小巷走過，可能曾經在郊外採過野花，其時其景早已消失，可每當類似的畫面出現，她們仍會浮想聯翩，睹物思情，重新回到那段幸福的時光。在她們的心目中，美好的過去是不會完全消失的。

美好時光之所以寶貴，就是因為它們值得一再回味。喜歡收藏的女性很多情，一個個收藏象徵著一段段動人的故事，而這些故事會一次一次地帶給她們歡樂和動力。

這樣的女性比較感性，正是造成多情的主要原因。

喜愛飼養寵物的女性：空虛

越來越多現代人喜歡飼養寵物，當中又以女性佔大多數。

女性飼養寵物，大都不會將牠們關在籠子裡，因為她們不喜歡剝奪可愛小動物們的自由，這與自身對自由的渴望是一致的。

飼養寵物正是女性尋找快樂的一種方式。

男性尋找快樂的方式一般比女性多，例如透過追求異性獲得快樂，女性卻很少
這麼做。較重視家庭生活的女性，如果沒有小孩可照顧，自然會想要去養寵物。飼
養寵物其實是一種精神寄託，她們是將無處排解的母愛之情寄託在小小的寵物身上。

生活中，這種移情的方式很多，諸如靠大自然移情、靠音樂移情、靠讀書移情
等等。不同的移情方式表現出當事者不同的個性，靠養寵物移情是當今最流行的方
式，但也最令人感傷。

她們為了不侷限在只有自己的狹小天地裡，於是借助這種方式與外界接觸。飼
養寵物的女性並不像人們所想像的那麼單純和快樂，她們的內心深處常常很不平
靜，甚至相當空虛。

從開會風格知人性格

狡猾的人會將會議內容以及每個人的話一點不差地呈現給高層，卻不會表明半點自己的看法與觀點。

無論是在企業、公司、學校或政府機關，開會就像吃飯和喝水一樣司空見慣。

踏入社會的人，無論背景如何雄厚、資歷如何高不可攀、身居何等要職，都難以避免出席或主持會議。

會議中，有的人可以在規定的時間內完成程序，而且使與會者滿意而歸；也有的人長篇累牘、喋喋不休，讓所有與會者疲憊不堪，能否達到預期效果和目的則相當令人懷疑。

主持會議的成效雖然與主持者自身的修養和知識程度有關，但性格所產生的作

用也不能漠然視之。

● 簡潔明快、豁達幹練的人

這種人快言快語、辦事雷厲風行，對工作與生活都充滿信心，做事前必定精心準備。他們主持會議，亦清晰明瞭，內容安排得當，講話時條理清晰，言之有物，令與會者欽佩，可以勝任重要的領導工作。

● 說什麼就是什麼的人

此類人有一定的身份、地位和手段，對自己目前所擁有的一切滿懷信心，而且堅信將會擁有更多更美好的東西。

他們通常是靠真才實學爬到現今位置上，頑強的意志力是他們取得成功的保證。做事總是胸有成竹，遇驚不亂，很有大將風度。缺點是總固執己見，不容他人質疑，在民主的大旗下仍專斷獨行。

• 把會場當課堂的人

這類人的名片上通常印有「專家」兩個字，他們學有專長，常是公司某一項業務的權威。

開會的時候，他們會以老師的姿態站在與會者面前，不厭其煩地講解「學生們」不明白或懂得不徹底的理論和觀念，但常常忘記了時間。至於被當作學生的與會者，多半哈欠連天、瞌睡連連。

• 欺下媚上的人

由於近水樓台的緣故，他們與高層、特別是總裁級人物接觸密切，並為此自豪不已。

他們會毫不客氣地用大部分會議時間來噴灑自己的唾沫，滿嘴胡說八道，但又不允許其他人質疑，甚至可能動不動就打斷他人的發言，進行一番無意義的補充說明。

此外，他們反應敏捷，善於阿諛奉承，欺下媚上。

- 做「傳聲筒」的人

「傳聲筒」是對這類人在主持會議時圓滑表現的最好比擬。

他們會將會議內容以及每個人的話一點不差地呈現給高層，也會將高層的意見原封不動地放到會議桌案上，卻狡猾地不表明半點自己的看法與觀點，常常讓與會者「靜候佳音」，或表示「會盡力向上司反應」，勸大家「不要急躁，耐心等待」。

- 優柔寡斷的人

這類人可能大有發展前途，為人彬彬有禮又謙卑含蓄，一點也不咄咄逼人，允許其他的與會者暢所欲言，提出自己的觀點。但往往由於在拍板時猶豫不決而難以和與會者達成共識，結果降低了自己的威信，讓下屬心存不服。

- 愛耍威風的人

這種人多半居於不高不低的位置，所以非常想往上攀爬，野心勃勃。他們喜歡

擺架子，顯威風，總是讓很多不相關的人參加會議，如若人手不夠，還會派部屬到場吶喊助陣，並打著「群眾意願」的幌子中飽私囊。

看到這裡，相信你已經明白有哪些是必須加以留心、對付的小人了。透過開會表現，可以讓一個人無所遁形，是「抓出小人」的好機會。

由辦公桌狀態分析工作心態

辦公桌整潔的人，多半有很高的工作效率，他們嚴於律己，特別珍惜時間，會安排相應的工作。

辦公室是職員工作的場所，內部都是與工作密切相關的陳設。由於每件陳設都融入了個人的喜好，所以辦公室裡每一個員工的辦公桌擺設，都可以展現出這個人的性格特徵。

英國心理學醫生斯蒂恩教授，在很多年前就開始研究辦公環境與職員之間的關係。經過長期的實驗和求證，他證實了內部陳設（如辦公桌）與職員性格之間確實有聯繫。

辦公桌整潔的人，多半有很高的工作效率，是個很出色的員工。他們嚴於律己，為著崇高的目標堅持不懈，特別珍惜時間，必定會安排相應的工作，辦事和工作都有條不紊，但是適應能力較差，對於突如其來的變故常常應接不暇、手忙腳亂，有時候會自亂陣腳，發生錯誤。

辦公桌裡空空如也的人，通常是個急性子，為了工作方便，也免除工作中得從眾多文件中找資料的麻煩，只會把所需要的資料放在伸手可及的地方。他們通常很有事業心，一般都可以成為老闆。

辦公桌凌亂不堪的人，必定堆滿文件與檔案，而且恐怕根本就不知道哪些是作廢的，哪些是緊急的。

他們的個性溫和善良，但做事往往沒有計劃、倉促應戰，結果不佳。他們沒有長遠的眼光，但有較一般人強的應變能力。

在辦公桌裡放鈔票的人，通常是對任何事情都會產生懷疑的人。他們不完全相信銀行，所以不把所有鈔票都存入銀行；對家庭也不放心，時刻擔心被盜，但仍會

留一些錢用於日常生活需要；對工作地點也不放心，所以辦公桌中只放一點錢。為了到哪裡都有錢用，他們會在很多地方各存放一些鈔票。

有些人會在辦公桌上存放紀念物，而且琳琅滿目、種類繁多，有兒時的玩具、情人的相片、老掉牙的首飾，甚至還有學生時代的舞會邀請函。他們不善於與外人打交道，也不願意和外人有過多的接觸，經常獨來獨往，但與老朋友聯繫得相當密切。

他們總靠著美好的回憶調劑生活和排遣孤獨，常在夜深人靜的時候獨享愉悅，因為情感豐富也較脆弱，很容易受到傷害。

不妨看看自己的辦公桌，再看看他人的辦公桌，是否從中接收到有用的訊了呢？知己知彼，才能百戰百勝。

透過處理檔案，看行事是否果敢

無論一個人多希望掩飾自己，仍會有一些真正的個性、思想，在不知不覺間由小地方表露出來。

現代人一直致力於研究什麼樣的工作環境可以創造出最高的效率，在研究過程當中，一位效率研究專家發現，員工辦公桌上的檔案，通常可以展現出他們的某些性格特徵。

以下，是幾種普遍類型：

• 認真整理文件的人

這樣的人不管是桌面上還是抽屜裡，所有的檔案、文件都收拾得整整齊齊，而

且分門別類。他們辦事之時條理清晰，有很強的組織和操作能力，所以通常工作效率都很高。

這種人生來責任心強，凡事小心謹慎，認真負責，而且精益求精。缺點是沒有開拓進取的魄力，創新能力也較差。

- 散放文件的人

文件檔不分主次，這裡一堆，那裡一堆，像是要搬家似的。他們辦事較盲目，做工作難以善始善終，而且自我控制能力差，無法調整自己的情緒和習性，以適應新的外部環境。

- 檔案資料堆放得亂七八糟，每找一份文件都要翻天覆地

工作能力較差，常常事倍功半，辦事缺乏條理性，無法循序漸進，也少有責任心，缺乏持之以恆的毅力。

這類員工應該重新接受培訓，或改做其他與個人能力相近的工作。

● 亂塞文件的人

不要被乾淨的桌面迷惑，也不要親自查看桌面上是否有灰塵，只要拉開他們的辦公桌抽屜，一切就都可以明瞭了。

他們的辦公桌抽屜裡亂七八糟，簡直什麼東西都有，根本讓人分不清究竟這是雜貨鋪還是辦公桌。

這種人多半華而不實，雖然機智靈活但喜歡耍些小聰明，常過度注重外表，善於鑽營，不太值得信任。

無論一個人多希望掩飾自己，仍會有一些真正的個性、思想，在不知不覺間由小地方表露出來。

辦公桌的抽屜，就是個好例子。

從顏色看穿真實性格

喜歡不同的顏色，顯示了內心的不同想法、偏好、渴望，或許可以說顏色正是洩露內在真實自我的「密碼」。

每個人都有自己特別喜歡的色彩，並將這種喜好應用到生活和工作的各個方面和不同領域。無論是衣服的選擇，還是傢俱的裝飾，到處都展現著性格折射出的色彩偏好。

愛好紅色，是精力旺盛的體現。這種人喜歡展現自我，有著讓全世界認可自己的願望。容易衝動，做事有時不顧後果，免不了爲挫折後悔不已，甚至一蹶不振。感情豐富，熱情奔放，好奇心強，這也是他們經常遇到困難的重要原因，別人常常

受不了這種初生之犢不畏虎的衝勁。

　　喜歡棕色的人，往往令配偶既愛又恨。他們忠誠老實，值得信任，而且不會忘恩負義，有自己的安排和計劃，善於管理錢財。但是分配家庭收入的時候，常會與配偶產生矛盾，儘管初衷並不是要讓家人受苦。

　　喜歡白色的人性格比較單純，追求卓而不群，積極進取。他們做事涇渭分明，講究實際，不容易與陌生人和平共處。

　　喜歡黃色的人善於隱瞞自我，總是擺出一成不變的面孔，讓人們琢磨不透。他們喜歡不受拘束的生活，常按照自己的想法安排日程。這類人凡事都要求盡善盡美，經常弄得自己精疲力竭卻仍不滿足，而且脾氣倔強，得理不饒人，不易得到別人的喜歡。

　　喜歡黑色的人傾向壓抑、消極，但也流露出典雅與威儀。他們缺乏激情、活力，遇事還沒前進便想打退堂鼓，而且總認為好運氣與自己無緣，對周圍的人和工

作提不起興趣。他們不喜歡張揚和引人注目，對待他人十分謹慎小心，會極力避免意外的麻煩。

紅褐色代表安逸祥和，因而喜歡這種顏色的人多容易安於現狀，與世無爭，也沒有排斥他人的傾向，所以容易與人親近。他們對身邊的人通常言聽計從，不會有太大反抗。

喜愛紫色的人自信又清高，但很少出現情緒化的衝動表現。他們的情感淳樸濃烈，但通常秘而不宣，遇上特別難過的事情會一直積壓在心頭，由自己承受，不向外人透露。

喜愛橙色的人積極進取、勇於開拓，堅信多個朋友多條路，所以會用各種方法結交朋友。但他們喜新厭舊，往往由於把眾多的精力用於結交新朋友上面，結果卻忽略了老朋友，所以真心實意的知交往往不多。

喜歡粉紅色的人大多舉止優雅，講究禮節，在交際場合中能妥善地掌握行事尺

度。他們追求理想、講究外表，具有很高的審美能力。

喜歡綠色的人溫柔多情，善解人意，能夠了解異性的心事和秘密。多半活力四射，能夠迅速從挫折當中振作起來，艱難險阻往往奈何不了他們。喜歡熱鬧但不願意參與，很容易和孩子打成一片。

喜歡以紅褐色搭配灰色的人有很好的人緣，走到哪裡都可以交到好友。他們知道遷就別人，給對方台階下，善於察言觀色。產生衝突時，不會針鋒相對，會待對方心平氣和、恢復理智之後，再找適當的時機表達自己的想法。

喜歡以紫色搭配黑色的人，認為什麼事都索然無味，漠然置之，不懂得從團體生活中獲得幫助和充實，所以經常是一個人獨來獨往，整天無精打采、鬱鬱寡歡，彷彿到了世界末日似的。

喜歡不同的顏色，顯示了內心的不同想法、偏好、渴望，或許可以說顏色正是洩露內在真實自我的「密碼」。

解讀飲食習慣的秘密

不喜歡和他人一起進餐，樂於自己單獨一個人靜靜地吃的人，大多性格比較孤僻，有些自命清高和孤芳自賞。

只要生活在這個世界上，就一天也離不開食物，食物對於維繫生命的重要性無庸置疑。從一個人喜歡吃什麼東西，就可以觀察出他的性格特徵，同樣，透過一個人以什麼樣的方式吃東西，也可以觀察出他的性格特徵。

• 從飲食習慣看人的性格

將食物分割成若干小塊，然後一點一點慢慢吃，這樣的人多半比較傳統和保守，為人處世小心謹慎，不會輕易得罪人，在很多時候都寧願充當好好先生，保持

中立。這一類型的人由於缺少冒險精神，所以在事業上取得的成就並不是很大。生來比較機智和圓滑，有自己的主張，不會輕易接受他人的建議，但又不會太過強烈地表達自我主張。

若是吃東西時很講究順序與規律，等到菜一道一道都送上桌以後，才坐下來慢慢吃，思考多半相當縝密，總是花很多時間考慮一件事情，直到把前前後後、左左右右凡是可能出現的狀況都想清楚，並找出了適當的應對方法以後，才會動手去做。

至於老是挑食的人，身體可能不會很強壯，但頭腦和智慧仍舊不錯。他們習慣凡事先做好準備，害怕有意外的事情突然發生，因為如果這樣，他們會感到措手不及，不知該如何是好。

飯量很小、吃一點就放下碗筷不吃了的人，多半比較傳統保守。他們的一舉一動都非常小心謹慎，總是不斷努力處好自己與他人之間的關係。他們為避免風險，做事喜歡墨守成規，按照舊的方法完成。這一類型的人行事穩妥有餘，但衝勁不足，所以不適合創業，只適合守成。

吃飯狼吞虎嚥、兩三下就吃完的人，大多有較旺盛的精力，性情坦率豪爽，待

人真誠、熱情，做事乾脆、果斷，自我意識比較強，有些時候甚至會自以為是，聽不進他人的規勸。他們有很強的競爭心理和進取精神，絕不會輕而易舉地就向別人妥協或認輸。

吃東西的速度極慢，總是細嚼慢嚥的人，在為人處世方面多半相當重視過程，因為過程和結果這兩者之間，常常是過程能為他們帶來更大的快樂和滿足。他們做事周密嚴謹，通常不會打沒把握的仗。生性比較挑剔，對人對己要求都比較嚴格，有時甚至達到苛刻、殘酷的程度。

吃東西不知道節制，看到喜歡的就一定要吃個夠的人，性格大多比較豪爽耿直，多有很好的人際關係，具有一定的組織能力，能使自己的周圍經常聚集著許多人。他們不懂得也不會掩飾自己的情緒，喜怒哀樂往往全部寫在臉上，讓人一目了然。

不喜歡和他人一起進餐，樂於自己單獨一個人靜靜地吃的人，大多性格孤僻，有些自命清高和孤芳自賞。心智比較堅強，做事也很穩重，具有一定的責任心。一般來說，他們的辦事能力能讓自己的上司、親人、朋友感到滿意。

對食物不挑剔的人，大多親切隨和，在各個方面都不拘小節，更不會為一點雞毛蒜皮的小事計較。他們的頭腦相當聰明，很有才華，而且精力旺盛，能夠同時應付好幾件事情並做到遊刃有餘。

● 飲食口味與性格

美國行為心理學家最近透過大量的研究，證明了人的性格與飲食口味有著密切的聯繫。

喜歡吃米飯的人經常自我陶醉，孤芳自賞。他們對人對事處理得體，為人處事比較圓滑，但互助精神差。

喜歡吃麵食的人能說善道，但常不考慮後果及影響。他們的意志不堅定，遇挫折容易喪失信心。

喜歡吃甜食的人大都熱情開朗、平易近人，但平時有些軟弱膽小，略嫌缺乏冒險精神。

喜歡吃酸味食品的人具強烈事業心，但性格孤僻，不善交際，遇事喜歡鑽牛角

尖，不太有知心朋友。

喜歡吃辣味食品的人善於思考，遇事有主見，吃軟不吃硬，有時愛挑剔別人身上的小毛病。

喜歡吃鹹味食品的人待人接物多半穩重、有禮貌，做事有計劃，但比較容易輕忽人與人之間的感情，有點虛僞。

喜歡吃油炸食品的人勇於冒險，有開創一番事業的願望，但受到挫折時，很容易灰心喪氣。

喜歡吃清淡食品的人多半注重人際關係，希望廣交朋友，不願單打獨鬥。

• 從吃雞蛋的方式看性格

雞蛋含有的營養成分相當豐富，這是很多人喜歡它的原因之一。除了能夠補充人體所需的各種養分外，其實還可以藉由觀察一個人如何吃雞蛋，從中分析他的性格與爲人處事態度。

喜歡吃炒蛋的人多善於交際，能與其他人和睦相處。他們不拘於小節，對人對

事能持比較寬容的態度。不喜歡張揚，也不太希望引起他人太多的注意，但對他人的態度相當敏感，別人對自己好一分，會回報十分，可是如果別人對自己惡一分，可能也會回敬別人十分。

把蛋煮得過熟，喜歡吃很硬的雞蛋的人，一般多把自己隱藏保護得很好，使他人不容易走近、了解。要想認識這一類型的人，需要花費較多的時間和精力。這一類型的人在外表上給人的感覺很冷酷，了解他們以後更會發現，內心也同樣堅硬，不會隨便就被什麼東西感動。這類人見過的世面很廣，但或許正是見得太多，遭遇得太多，所以才導致心中缺乏溫情吧！

喜歡吃煮得半生不熟的蛋的人，雖然在外表上看起來很固執，事實上內心脆弱，易向別人妥協。他們的性情熱情又溫柔，即便只是一點小小事情，可能也會感動不已。

喜歡法式煎蛋捲的人，多是開朗又神秘的人物，外表也許有些嚴肅和呆板，但內心卻與外表存在著很大的差距。他們總是能夠隱藏一些秘密，從而吸引別人來探個究竟。

喜歡吃單面煎雞蛋的人，性格多半相當樂觀，充滿了積極向上的精神，對未來有著無限嚮往，並且抱很大的信心，相信自己能夠開創出一番事業，同時努力並腳踏實地做好每件事情。

喜歡吃兩面煎蛋的人，也是一個積極樂觀的人，但是他們在為人處世方面相對地謹慎小心許多，不會不加分析和思考就莽莽撞撞地行動。正是由於這一點，他們避免了許多麻煩，多能夠有計劃地安排自己的生活。

喜歡吃荷包蛋的人多謙恭有禮，行事不招搖，行為舉止也很恰當得體，卻經常被麻煩纏身。

透過小小一顆蛋，就可以印證人的多種性格，實在是相當有趣的事情。

07

What kind of person are you!
I know

注意對方的
日常習慣動作

談話時喜歡和他人目光接觸的人，無疑
是主動向對方展示自己的內心。

注意對方的日常習慣動作

喜歡和他人做目光接觸的人，表明既希望能夠深入了解對方，也希望對方了解自己。與別人目光接觸，無疑主動展示自己的內心。

在日常生活當中，若僅僅依靠一張嘴，很難完成交際溝通，真實全面地傳達出自己的感情，甚至可能被小人欺騙。所以除了語言以外，還要採用一些輔助手段，例如肢體動作。

手舞足蹈說的是人高興的手足動作，抓耳搔腮說的是人著急時候的樣子，張牙舞爪說的是人發怒時的表現……等，不難看出身體動作可以作為表達情感的輔助工具，而旁人也可從中窺見一個人的性格特徵。

要想深入了解周圍人的真情實感，得知內在心思，甚至察覺不軌，可以細心留

習慣性點頭的人，比較關心和體貼別人，知道給予配合的重要性。他們會及時意他們的一舉一動。

表達自己的認同，以使說話者增強自信，對談論話題深入思考，並得以充分發揮潛力，找出最好的解決問題方法，於人於己都有好處。

在生活和工作當中，他們願意向他人伸出援手，並能夠體諒對方的弱點，在力所能及的範圍內給予援助，具有熱心助人的性格特徵。

耐心的人，能夠聆聽對方的全部說話內容，並給予認真的回應，讓說話者有被認可的感受，從而認可並欣賞他們，把他們當成可以深交的夥伴。這類人愛交朋友，這不僅表現在能夠給予朋友力所能及的幫助，而且還會在內心深處關懷體貼，處處為對方著想，時時想著幫他們排憂解難。

他們不僅隨時準備幫助朋友，最為難得的是經常在尚未得到別人請求協助前，便主動伸出援手。

東拉西扯，頻頻打斷別人話題的人，做事傾向於冒進，欠缺穩重，常給人毛躁的感覺。很少有人能和他們長時間地交流，更別提促膝而談，所以他們難有真正的朋友和可以依靠的人。

分配工作給他們時，必須提防做事虎頭蛇尾，雷聲大、雨點小，所以千萬不要把全部希望都寄託到他們身上，否則定會吃大虧。

談話時心不在焉的人，屬於精神渙散者。不重視談話過程，更不在意談話內容，即便將他人的話語聽進耳中，多半也不能確實了解真意。

這種結果的外在表現是辦事容易拖拉，因為根本就不知道對方要自己做什麼，而且得過且過。如果目標已經明確，條件也具備和成熟，往往卻又無法把精力集中，或是一心二用，或是心有旁鶩，使接到手中的任務不了了之。這種人因為毫無責任感，終身都難有所成就。

乘人不注意時窺視他人的人，屬於心術不正的類型。他們自身根本就沒有什麼特長或驚人之處，但卻總是想著能夠「不鳴則已，一鳴驚人」。因為不知如何才能實現這個願望，而且現實當中又很少有人願意理會這些空想家，使自尊心受到很大的傷害。為了實現自己的白日夢，並向世人證明自己的存在價值，他們學會了工於心計，善使機關。

談話時凝視對方，是意志力堅定的表現，往往不用過多言語和動作就已經顯得咄咄逼人，而且不管是男人還是女人，都表明自己現在是充滿力量的強者。如果眼光真的可以殺人，他們的凝視肯定可以成為致命武器，因為與這種目光接觸，難免使人有受到攻擊的恐慌。

其實，大多數人之所以凝視他人，只是為了想看穿對方的性格而已，並無實際的攻擊意圖。

談話時喜歡和他人做目光接觸的人，表明既希望能夠深入了解對方，也希望對

方了解自己。與別人目光接觸，無疑主動展示自己的內心。他們充滿了自信直爽，從不懷疑自己的動作會給他人帶來不愉快。

這類人多半做事專心，會盡量滿足大家的要求，希望做出好的成績讓大眾認可自己，接納自己。他們懂得禮貌在交際中的作用，能夠把握談話分寸，非常適合從事需要面對面進行直接交流的工作。

談話時動作誇張的人，哪怕只在陳述雞毛蒜皮的小事，也會跳上跳下，擾得周圍的人不得安寧。

其實，他們的本性是好的，並非存心使要別人不舒服。之所以會有誇張的動作是因按捺不住熱情和好勝心，認為光靠言語不足以表達心中熾熱的感情，所以必須加進一些誇張的動作，表達自己的真實想法，並引起他人的注意。事實上，在他們的內心深處，通常存在著許多不安，無法確定自己的表達方式能否被別人認可和喜歡。

談話時坐立不安、手足無措的人，多半精力充沛，而且事業心很重。由於身邊的工作機會很多，為了早日實現目標，不允許自己錯過任何機會，會積極投入在正進行的所有事情當中，忙完這個忙那個，結果疲於奔命，造成個人狀態極度緊張，無法專心致志於分內工作，得不償失。

這就是幾種常見的典型，加以了解，可以幫助你在短時間內看透身邊的每一個人，尤其是必須防範的小人。

由簽名判斷個性

簽名特別小的人，工作上的表現雖然不是十分積極，但屬於自己的工作都能集中精力完成，對於功名利祿也不積極追求。

現在人們的交際圈越來越大，交際活動也越來越頻繁，亮出自己名字的機會日漸增多，於是簽名成為人們一項重要的交際內容。

簽名有美有醜，有大氣也有小氣。各式各樣的簽名，不僅讓別人獲得簽名者的個人資訊，還能從中看出個人的性格。

簽名特別大的人，表現欲望強烈，性喜招搖。他們注重外表，總是將非常多的精力投注到衣著打扮上，期望給人留下良好的視覺感受，但沒有辦法讓人對他們念

念不忘，因為很難真正打動他人的心。

他們在工作過程中總是將眾多任務攬到身上，能夠給人一定的信任感，但是工作成績會暴露出自身的真實面目，就是能力有限，遇到困難便顯得軟弱無能，更有甚者無法善始善終，中途退卻。

簽名特別小的人，性格與簽名特別大的人截然相反，不喜歡在大庭廣眾之下拋頭露面、惹人注意。既不積極用特別的外表吸引他人的注意力，也不主動向他人打招呼或表示什麼。

他們對自己沒有足夠的信心，工作上的表現雖然不是十分積極，但本份內的事都能集中精力完成。對於功名利祿不積極追求，有則受之，無則泰然處之。

簽名向上的人野心勃勃，通常都有雄心壯志，不畏艱辛，總堅定執著地朝著自己的理想前進。

他們積極樂觀，會想盡辦法戰勝眼前的困難，喜歡榮譽和鮮花，更對世間的一

切享受垂涎三尺，這是不懈努力的最終目的。他們可以成就大事業，但也可能將災

難降臨到他人頭上。

成為激勵向上的動力。

簽名向下的人，通常是消極的等待者或妥協者，總是一副無精打采的樣子，猶

如大病初愈，又好像經歷了什麼沉重的打擊。他們缺乏信心，不敢規劃未來、追求

理想，見到別人取得榮譽時，雖然也會熱血沸騰，但熱情轉眼間就消失了，沒辦法

簽名向左的人，不喜歡按照常規辦事，喜歡標新立異並追求不同凡響。他們總

用普通的動作表現不普通的想法，所以如果喜歡某個人，就會冷酷以待；如果討厭

某個人，則會熱情周到。

他們喜歡表現自我，在陌生人面前直言不諱，幸好憑藉認員誠懇而又不失幽默

的表現，往往會博得大眾的喜歡。

簽名向右的人，多半積極樂觀、信心十足，總是一副充滿朝氣、和藹親切的樣子，在人際交往過程當中經常主動向他人攀談，通常別人也會笑臉相迎。但這並不是成為社交高手的主要原因，他們真正高明之處是「身在曹營心在漢」，和人交往的時候表面上熱心參與，實際上卻置身事外，對全局進行縝密的觀察，將所有變化掌握在手中。

學會區分對方的筆跡

在社交活動中，仍可藉由他人的筆跡，分析此人的性格、品德、人生觀、主要優缺點等，以使自己的社交活動更加順利。

你相信嗎？透過筆跡，可以看出個性。

文字是人們傳達思想感情、進行思維溝通的一種手段，筆跡則是人體資訊的一種載體，大腦中潛意識的自然流露。

自二十世紀七〇年代以後，筆跡分析技術廣泛在德、法、英、美、日、以色列、澳大利亞、前蘇聯等國家的人才招聘領域應用。例如，在以色列，由於立國之初國民就來自多個不同的民族，彼此沒有共通的語言，因而要判斷一個人，唯有靠分析筆跡。

即使是現在，無論是要招聘行政管理人員還是普通工人，應聘時仍需經過筆跡分析這一關。

在日本，一些公司在進行人才招聘時，會將職位候選人親手所寫的字送到字相公司，經字相公司列出鑑定意見後，才統一考核，決定是否錄用。在法國，六十％以上的企業在招聘員工時，都進行筆跡分析。在台灣，隨著科學技術的不斷發展和完善，筆跡分析也逐漸應用在人才招聘中。

美國微軟集團以開發電腦軟體聞名世界，但公司招收職員時，卻有一項硬性規定，即應聘者必須抄一份十萬字以上的產品品質推薦手冊，結果從這一關上敗下陣的優秀人才不計其數。並不是這些應試精英不會抄寫，而是這些電腦高手不知微軟的真實意圖，十萬字抄下來，自己的性格早已被微軟公司的心理學家參透了大半。

作為社會化的高級動物，人在認識世界、改造世界的過程中，不但能感知事物，而且能把感知的事物記下來，經過大腦複雜的思維活動，形成各不相同的世界

觀和個性特徵。這些特徵又會在一定的條件下，透過一定的形式表現出來，文字正是其中一種形式。

其實，筆跡與遺傳有關。研究中發現，直系親屬之間，儘管字體的大小、力度、肥瘦等具體特徵不盡相同，但在神韻、架構、運筆等方面，卻有驚人的相似性，這說明筆跡就像人的品性、健康一樣有遺傳性。

筆跡還與人的生活經歷、生活背景、教育程度、與人交往的密切程度、所從事的社會活動等有密切關係。一個從小就擁有充裕生活條件者的字，與從小在艱苦環境下長大者的字，在字態、字勢、風格等很多方面必定存在著差異。

人的字會經常變化，不同時期的字，特徵不一樣。一般來講，學生時代的字體由於沒有徹底定型，筆劃稚嫩、拘謹；中年時期的字，筆劃熟練、流暢、個性突出；老年時候的字，筆劃較重、筆鋒老辣、略顯僵硬。

不同心境下所寫出的字，筆跡也不一致。但在長時期內，字體的主要特徵如運筆方式、習慣動作、開闔等是不變的。只是近期的字更能反應出最近的思想、感

情、情緒變化、心理特點等。

在招聘新進員工時，企業會針對職位所要求的能力與性格特徵，藉由分析字跡，從眾多應聘者中找出適合的人才。例如，若某單位需招聘一位眼光遠大、有魄力、有開創能力的人做部門的負責人，筆跡分析將針對上述要求進行鑑定，並根據其他素質，做出候選人是否符合此職位的建議。

與其他測試手段相比，筆跡分析更能準確地測出應聘者的基本人格特質，以及隱藏性格。

至於對個人來說，雖然不如企業般對筆跡鑑定有強烈的需求，但在社交活動中，仍可藉由他人的筆跡，分析出對方的性格、品德、人生觀、主要優缺點等，以使自己的社交活動更加順利，免受小人的困擾。

寫字不規矩，難成大事

字寫得不好，不僅僅是表面上的問題，還關係到心態性格，甚至影響命運。因此，應儘量要求自己把字寫好。

俗話說，字如其人，這是有道理的。行為心理學家們經過研究，對此進行了科學化分析整理，得到結論如下：

• 字體鬆散——隨意、反應慢

有的人寫字字體很分散，結構鬆垮，沒有什麼規律可循，且因為太大，常常超出界線，橫豎折等筆劃分得太開，幾乎可以拆成另一個字。

這種人對周圍的現象反應不很敏感，常常慢半拍。某些時候，即使已經反應過

來了，也很難想出應對的辦法。他們多給人馬馬虎虎、糊裡糊塗的印象，人們對這種人的評價一般是精明不足，隨意有餘。

由於做事太隨意，責任心不強，這種人有時就像個不懂事的孩子。

• 撇和捺施展不開──行為不太主動

有的人寫字，撇、捺差不多，一點都施展不開。

這種人的個性通常比較內向，做事認真，很有責任感。但他們不搶鋒頭、不展露鋒芒，無論做什麼事情，都處於被動的角色。由於天性比較被動，所以不利於不良情緒的排解，導致在心裡累積許多壓力。

• 寫字中間的豎不直──壓抑

有的人寫字筆力很輕，字體中間的豎總是拉不直，缺乏後勁。即使勉強拉直了，也給人虛弱的感覺，顯得有氣無力。從字體來看，這種人明顯受到壓抑，即使有能力也難以發揮，具備旺盛的精神也無法展現。

● 寫字橫豎不規範——情緒不夠穩定

有的人寫字，橫劃有時上揚，有時平直，有時又下斜；書寫豎筆的時候，常常是左右歪斜偏離。這種人通常都有情緒不穩定的傾向，缺乏應有的決策能力，難成大事。

● 行距雜亂無章——感情不穩定

有的人寫字時，一整行不是上揚就是下斜、不是左偏就是右傾，字與字的距離也毫無規律，用雜亂無章來形容相當恰當。

這種人的情緒化傾向很嚴重，情感不穩定，起伏劇烈。一般來說，他們比較聰明，有一定的能力，但不會依照規矩辦事。

● 寫字「橫」不平——心態比較消沉

有的人寫字時，橫劃常常左邊高、右邊低，不是正常的斜上結構，而是向右下

斜。如果是成年人，心態多半往往比較消極；如果是未成年人，則比較容易灰心喪志。

- **筆劃又直又硬——生硬**

有的人寫字無論是點、橫、豎或是撇看起來都又直又硬，筆鋒無法開展。這種人一般都比較死板，缺乏靈活性，也就是「死心眼」。

字寫得不好，不僅僅是表面上的問題，還關係到心態性格，甚至影響命運。因此，因盡量要求自己把字寫好。

筆劃緊密，欠缺創造力

> 寫出的字體很小，但一筆一劃卻交代得很清楚，這種人做事情極認真，但是過於謹小慎微，缺乏足夠的創造力。

- 筆鋒太露——坦率且性急

有的人寫字筆劃很直，每個字都很挺拔，筆鋒四處外露，有點張牙舞爪的態勢。他們會給人正直的印象，但通常性急而坦率，很容易展露自己的鋒芒，不懂得隱藏想法，顯得內斂不足。

- 寫字「橫」短——聰明

有人習慣將橫劃寫得很短，特別是每個字最上面的那一橫劃，甚至比「點」長

不了多少。這種人大都比較內向，很聰明，但心胸不夠寬廣，很容易給人一種小氣的不良印象。這種人的左腦比較發達，擅長邏輯性思考，對抽象事物很敏感，但由於右腦相對較弱，創造力顯得不足。

他們不大會處理人際關係，不適合從事管理方面的工作。

• 筆劃誇張——想像力豐富

有的人寫字運筆極輕，書寫速度很快，筆劃線條輕飄飄地四處飛舞，顯得相當誇張。這種人的右腦很發達，具有豐富的想像力，也因此常常做白日夢。此外，他們很重視情感。

他們的反應通常都很快，但思慮天馬行空，給人不紮實、輕浮的印象。有時控制不住自己的情感，顯得很情緒化。

• 筆劃停頓——自我意識強

有的人寫字運筆速度很慢，也比較用力，即使筆劃可以一氣呵成，仍常常出現

很多停頓。這種人有很強烈的自我意識，雖然具備一定程度的能力，但是行動力比較差，心裡常常會感到不滿。

如果老年人身上出現這種情況，可能還存在某些生理上的問題。

● 不敢省略一筆一畫──謹慎

有的人寫字的速度很快，但是一筆一劃都不會少。這種人做事比較認真，有很強的責任心。但也因此，他們的內心壓力很大，常常擔心無法完成任務，心情多處於煩躁不安狀態。

● 筆劃緊密──敏捷

有的人寫字，字的中間部分寫得過於緊密，有的筆劃連在一起，如果寫的正好是筆劃比較多的字，看起來就會像一團墨漬。

這種人比較仔細、精明，思維敏捷且敏感，對外界刺激的反應很快，能夠迅速提出對策。但也正由於具有一定的能力，導致思維負擔重，長期處於無法放鬆的情

況下，引發身體方面的疾病，比如消化不良、神經衰弱等。

• 喜歡重描——認真

有的人經常會在寫完字後細細地觀察，進行描摹或修補。這種人做事情比較認真，本身也比較聰明，喜歡反覆思考問題。

他們的缺點是會白白地浪費時間和感情，有很明顯的內耗傾向。

• 字體小而清楚——謹慎

有的人寫出的字體很小，但一筆一劃卻交代得很清楚，讓人覺得清晰明白。這種人做事情極認真，善於觀察周圍的情況，但是過於謹小慎微，缺乏足夠的創造力。

• 字體大而鬆散——好動

有的人字寫得很大，結構很鬆散，撇、捺、豎等筆劃沒有規律。這種情況如果發生在兒童身上，可能是智力不高的表現。這類人無法控制好自

己的感情，比較馬虎。他們比較好動，內心常常會感到一種莫名壓迫。

● 平均分配筆劃——膽小

有的人寫字方正足，一筆一劃幾乎是平均分配，字體顯得四平八穩。這種人的個性比較內向，膽子很小，沒有足夠的自信，做事情很不靈活，缺乏應有的判斷力。

● 橫劃很平——穩重

有些人寫字會將橫劃寫得很平，幾乎在一條水平線上，就像用尺量過一樣。這種人大都比較穩重，做事情很保守，自我控制能力強，但是缺乏足夠的創造力和膽量。

字如其人，字寫得漂亮，會有很多好處。

塗鴉會洩漏心中想法

習慣畫四方形、三角形、五邊形等幾何圖形的人，多具有邏輯性，而且善於思考，組織能力相當強。

每個人都有這樣的經歷，會趁閒來無事時，在一張紙或是其他東西上隨便地塗塗寫寫。

有心理學家指出，這種無意識的亂塗亂寫，往往能顯示出一個人真正的性格，因為人內心的真實感覺，會透過塗寫的過程顯露出來。

喜歡畫三角形的人，理解能力和邏輯思考能力多半比較強。在絕大多數時候都能夠保持頭腦清醒、思路清晰，有很好的判斷力和決斷力，但缺乏耐性，急躁、容

易發脾氣。

喜歡畫圓形的人，做事有一定的規劃和設計，喜歡按照事先擬定的執行程序行事，多有很強的創造力和豐富的想像力。

喜歡畫多層折線的人，分析能力多半比較強，而且思維敏捷，反應迅速。

喜歡畫單式折線的人，很多時候都處在一種比較緊張的狀態之中，情緒不穩定、時好時壞，讓人難以捉摸，因為這種圖案代表內心充滿不安。

喜歡畫連續性環形圖案的人，多能夠將心比心，會站在別人的立場上為他人著想。他們在大多數情況下都對生活充滿信心，而且適應能力很強，無論處在什麼樣的環境都能很快融入其中，對現狀感到滿足。

喜歡在小格子中畫上交錯混亂線條的人，多半有恆心、有毅力，做什麼事情都能拿出不達目的誓不罷休的狠勁。

喜歡畫波浪形曲線的人，個性隨和，而且做事有彈性，適應能力很強。善於自

我安慰，遇事願意往好的方面想。

喜歡在一個方格內胡亂塗畫不規則線條的人，情緒必定低落，心理壓力很大，但不會產生悲觀厭世的想法，對人生仍抱有很大的希望，並會尋找辦法安慰自己，朝積極的方向努力。

喜歡畫不規則曲線和圓形圖案的人，心胸多比較開闊，心態也比較平和，對環境的適應能力很強，但有點玩世不恭。

喜歡畫不定型但稜角分明圖形的人，競爭意識多半比較強，習於爭強好勝，總是希望自己能夠勝人一籌，事實上，他們也不斷地為此而努力，並且可以為了勝過他人做出犧牲。

喜歡畫尖角形圖案或紊亂平行線的人，表明內心總是充斥著憤怒和沮喪。

喜歡在格子中間畫人像的人，多半朋友很多，但敵人也不少。

喜歡寫字句的人多是知識份子，想像力比較豐富，但太常生活在想像當中，有

點不切合實際。

喜歡畫眼睛的人，性格中多疑的成分佔了很大的比例，此外這一類型的人有比較濃厚的懷舊心理。

喜歡塗寫對稱圖形的人，做事多比較小心謹慎，而且會遵循已經設計好的、一定的計劃和規則行事。

有些人喜歡畫小小短短的線，周圍常有一大片空白，這些線不是相互平行，就是成直角排列。

喜歡順手畫這些東西的人多半性格比較內向，對這個社會和自己所處的環境充滿了恐懼感，總是想盡辦法逃避現實。他們可能也很聰明，但通常不會有什麼好的想法和創意，因為總是被一些無形的東西侷限了正常的思考，從而使自己無法突破並超越障礙。事實上，那些便他們受到侷限的東西，經常是自己強加到自己身上的。

習慣畫四方形、三角形、五邊形等幾何圖形的人，多具有十分嚴謹的邏輯性，

而且善於思考。他們的組織能力相當強，但有時也會讓人產生不滿，認為太過於執著自身的信念，無法容忍那些想改變自己或否定自己意見的人。他們在為人處世等方面多少有一些保守，但在面對各種事物時多能夠胸有成竹，知道自己該做些什麼、以什麼方式做。

喜歡畫正方體、三角錐、球體等幾何圖形的人，多比較深沉穩重，也更注重實際，性格彈性很大，能屈能伸，在面對不同情況時，能夠及時調整自己。他們善於將比較抽象的東西具象化，多有很好的經濟頭腦，是一塊做生意的好料子，溝通能力也比較強。

喜歡畫像雲、扇子或羽毛一樣彎曲圖案的人，對新鮮事物的接收能力往往很強，而且也具有很好的適應能力。

喜歡畫一條曲線包含著另一種圖形的人，對周圍的人是相當敏感的。在遭遇挫折和磨難的時候，多能夠保持相對冷靜，積極尋找解決的辦法，而不是不加思考就貿然動手。只是這一類型的人，時常會沉浸在某種幻想當中，有一點不切合實際，

脫離現實。

喜歡畫飛機、輪船和火車的人，從所畫的圖形表面上理解，像是旅行的愛好者，希望把各旅遊景點全部看完，可實際上，這是在發洩自己的憤怒和挫折感。他們時常會失去希望，陷入迷茫當中，並且在挫折和困難面前表現得很消極。他們的自信心並不強，對自己也不抱什麼希望，而總是把希望寄託在他人身上，或者是遠行的夢想上。

喜歡畫有趣的線條、圓圈和其他圖形的人，多半極富有創造力，對於未知的領域有相當濃厚的興趣，並願意積極嘗試。

對他們而言，沒有什麼事情是絕對的，因而時常自相矛盾，對一個問題可能會有許多不同的答案。在生活中，他們總把自己弄得筋疲力盡，可到最後卻還是無法理出頭緒。

他們具有一定的才華，很博學，但卻沒有幾樣真正精通。

喜歡畫各種不同面孔的人，多是藉畫畫的過程發洩自己內心的某種情緒。喜歡畫一張笑臉的人多是知足常樂者；喜歡畫皺著眉頭的臉的人則恰恰相反，多半永遠也不會感到滿足；喜歡畫苦瓜臉或是扭曲變形臉的人，多代表內心非常痛苦且混亂不堪；喜歡畫大眼睛的人則代表他們的生活態度非常樂觀；喜歡用一個平凡的點代表眼睛，或是一條直線代表嘴巴，則表示心裡有疏離感。

不斷地畫同一個圖形的人，心中多有很強的欲望。一般來說，這一類型人的希望變成現實的機會都比較大，因為他們有不屈不撓的精神，一旦確定了目標，就不會輕易改變。

當然，在遭遇挫折的時候可能也會失望，但絕對不會放棄，會用最快的速度調整自己的心情，再努力爭取。他們有野心也有幹勁，無論什麼時候都知道自己在做什麼。

喜歡畫花草樹木以及田園景象的人，多是性情溫和且又非常敏感的人。他們對形狀和顏色往往具有比其他人都突出的鑑賞力。

這一類型的人多在文學、藝術等方面具有相當的才華和成就，天性較淡泊名利，與世無爭，只嚮往安靜平和的生活。

會不斷寫著自己名字或練習各種新鮮字體的人，自我表現欲望無疑相當強烈，可能會為此做出一些讓人無法接受的事情。他們會經常感到迷茫和無助，不知道自己該做些什麼。之所以不斷重複寫自己的名字，就是在潛意識裡不斷的自我肯定，目的在克服目前困擾自己的某種情緒。

性格為運動方式做出選擇

> 邊做事邊運動的人，是一個會讓現實工作變得有挑戰性、更富價值的天才。

從靜態的觀察可以看穿一個人，從「運動」下手也有相同效果。

若人特別喜愛某種運動，透過這個選擇，會顯露他在身心兩方面的需求，進而展現出他的個性。

• 體育館或健身俱樂部

喜好在俱樂部運動，只要不是一個人，他並不反對為了鍛鍊身體、維持健康而受苦。他喜歡有人陪自己一起運動健身，這樣運動完後，在蒸氣房裡，就有伴可以

互相聊天。

● 有組織的運動

無論是在學校的操場打籃球，或是在海灘上打排球，這種人喜愛的不是運動，而是參與過程中得到的樂趣。成為團隊中的一份子，這點在他的生命中佔了很重要的地位。下班後和他一塊兒打球的那些人，通常是認識已久的老朋友。

● 家庭運動器材

廣告使他相信，選擇這類方法不需要費多少力氣，就能夠達到真正運動的效果。不過，他很快就會發現，只有廣告裡的模特兒才有辦法邊運動邊露出笑容，而自己買來的運動器材多半擺在大廳的櫥子裡生灰塵。

● 重量訓練

喜歡舉重的人比較在意形式，較不重視內涵，最在乎的是外表，所以希望自己

有一副好得不得了的身材。舉重賦予他令旁人稱羨的力量，這使他覺得自己很特別，能夠完成沒幾個人可以做到的事。

・競走

這種人討厭跟隨人群，偏愛展露自己特殊的品味。如果時下正好流行某樣東西，他一定會另外找個新花樣，力求不符合傳統。

・有氧舞蹈

喜歡這種形式的體操，表示對自己身體抱著一種圓融的態度，因為每一動作間的連接都得求自然流暢。為了展現優美的舞步，同時培養耐力，他除了著重肌力的訓練外，還特別在意體態的優雅。這種人不排斥做一些別人覺得既繁重又乏味的工作，因為懂得把工作當成遊戲的訣竅。

・騎自行車

選擇這種運動的人，比喜愛慢跑的人更加實際，因為曉得如何以同樣的能量走更遠的路，此外，還可以同時運動大腿。愛好自行車的人，通常很靈活，會經常設定不同路線，不像慢跑的人通常都順著同一條路線跑。

- 瑜伽

瑜伽與外在行動及內在器官的流暢性有關，尤其和身體的柔軟度更是關係密切。喜愛練習瑜伽的人，深刻體會到呼吸是控制生命的一種方法，也了解冥想和體力的發揮同樣重要。在一般情況下，練習瑜珈有助於拓展視野，使人對事情的看法更透徹圓融。

- 邊做事邊運動

這種人會在除草時做彎膝蓋的動作，或在掃除時做運動，由此可見是一個想像力豐富的人，是一個會讓現實工作變得有挑戰性、更富價值的天才。他可能不太喜歡做家事，但不會抱怨，反而設法把做家事的過程轉變為一種自我修養、自我改進

的訓練。想使他覺得厭煩、無聊，恐怕是一件很難的事。不過，這種人如果想使別人覺得厭煩、無聊，倒是易如反掌。

• 散步走路

走路雖然沒辦法出風頭，但卻是一項最健康的運動。走路既不稀奇，又不時髦（就和這種人的為人一樣），但長期走下來，卻令人受益無窮。這種人對需要緊急完成的計劃沒興趣，不喜歡馬拉松賽跑，也不愛吸引他人注意，是一個有耐心的人，也有信心面對一切事物挑戰。

從臥室風格看個性

過度女性化或過度男性化的臥室，表示對自身的性別確認得十分清楚，但也同時卻對異性感到恐懼。

臥室是最私人的空間，一個人可以使臥室成為一個私密性極高的地方，只有自己可以進去，也可以將它變成一個公共空間，與他人一同分享。

所有個人用來裝飾臥房的東西，由床鋪的床單到牆上的繪畫，都暗示了自身是個什麼樣的人。

- 起居室就是臥室

這類人的臥室就是生活的中心，用來吃飯、娛樂，當然也用來睡覺。窗戶沒有

窗簾，門也沒上鎖，他很希望別人了解他，一塊兒分享個人的興趣和歡樂。他喜歡創造一個屬於自己的天地，甚至很認真地考慮在靠床的地方擺一台小冰箱。這種人的作息起居全在一個房間裡，他認為這麼做可使挫折感減至最低，得到最大的安全感。

● 英雄式臥室

這類人的臥室牆上貼了每一位曾經崇拜、景仰過的人物海報，而且每張海報裡的人頭都比真人還大。他覺得面對偶像要比和一般人相處容易，容易放棄身邊睡手可得的東西，反而追求遙不可及的事物。他對自己沒有自信，因而把偶像們看得比生命還重要，看得比自己還高。

● 睡覺用臥室

無論這類人的臥室樸實到只有四面白牆，以及一張輕便的小床外加床頭櫃，或者正式到變成一間內含沙發、小茶几的套房，對他而言，都只不過是一間睡覺用的

臥室而已。

裡頭每一件東西都有自己的位置，有特定的空間。這種人會嚴格控制自己的情緒，做事要求一定的規矩。

● 裝潢過的臥室

如果一間臥室裝潢得美輪美奐但卻不具個人風格，那這間臥室的主人一定是一位有格調且守規律的人。

他不太信任自己的判斷力，深怕會因為多擺了一盆盆栽，貼了一張海報或一張照片，就破壞了整體的裝潢。

這種人能應付各種麻煩而不製造麻煩，也是一個寧可奉命行事而不願當長官的人。雖然很誘人，可是他的客人從不知道該怎麼做，才能常到他的臥室裡坐坐，因而感到有些茫然被動。

● 倉庫式臥室

別人的房間都整齊、清潔，適合朋友來訪，但這種人的臥室卻是個危險地帶。

雖然家裡其他廳房相當整潔，代表他想留給別人良好的印象，但臥室卻完全私反應出私底下的邋遢。

和報紙的臥室，卻告訴別人事實並非如此。

表面上看來，這種人似乎十分性感，而且人見人愛，可是那間到處是待洗衣物

• 玩耍式臥室

這種人就像一個大孩子，會邀請其他人到自己的房間玩，臥房裡甚至有鏡子、玩具、用來打枕頭戰的軟枕頭以及小水槍。因為這種人沒辦法直接表達心中感受，因而希望透過遊戲的方式，達到溝通的目的。

• 孩提時代的臥室

這類人可能仍保有小時候第一間臥室中留下來的傢俱、紀念品、玩具、隊旗，以及掛在牆上的獎狀和畢業證書。

他還沒準備好要離開母親的保護及管束，還沒準備好要離開童年，還沒決定長大獨立之後要做什麼。改變對他而言是一件可怕的事，因為他是那種需要經過深思熟慮才敢冒險嘗試的人。

• 性別歧視者的臥室

過度女性化或過度男性化的臥室，表示對自身的性別確認得十分清楚，但也同時卻對異性感到恐懼。蕾絲床單，一張有罩篷的床，或深棕色、尖銳的邊角以及堅硬的床板，都令異性覺得他們是入侵者，格格不入且手足無措。這間臥室是專為擁有者所設計的，沒有一個客人能在裡頭待得安心，因為主人並不真的想讓別人認識自己。

如果有機會參觀他人的臥室，千萬要仔細觀察，如同把握一個大好機會。

屋主是一個怎樣的人？是否值得交往？會不會是個小人？凡此種種，他的臥室都可以回答你。

從床鋪的選擇看穿性格

不僅從臥室擺設可以看出個性，床鋪的設計更是深層意識的展現，用無聲語言向接觸的每一個人揭露內心世界。

人的一生中，有三分之一的時間是在床上度過，可能是在床上做夢、睡覺、做愛，或只是躲在被子下。

床是人們分享最親密想法和經驗的地方，因而從中也能看出主人的個性。

• 睡單人床的人

睡單人床表示從小到大的教育方式對道德觀影響深遠，而且對自己的社交關係限制得十分嚴格。這種人普遍說來是一個保守主義者，結婚之前，不會和別人分享

自己的床。

• 睡四分之三的床

這種床比單人床大一點，但比雙人床小一點。這代表和某人同床共枕時，他喜歡和對方很親近。這種人可能沒有伴侶，不過這段時間不會太長，雖然還沒準備好對某人作完全的承諾，不過，大約已經準備好七十五%了。

• 睡特大號床的人

這種人需要有自己的空間，用以玩耍或逃避。他會不計代價地避開被囚禁的感覺，為的是滿足自己對自由和獨立的渴求。有了特大號床，只要他想和伴侶保持距離，隨時都可以做到。

• 喜歡睡圓床的人

根本不曉得哪一頭是床頭，但其實他也不在乎，認為因為這樣，生活才更有意

思。既定的規則無法侷限這種人，他做任何事情都沒有一定模式，做愛更是如此，從哪開始對他都一樣。因為做事隨心所欲，所以有時顯得行徑怪異。

● 睡折疊床的人

這種人可能還沒意識到，但對已經壓抑多年的性欲有著深切的罪惡感。偶爾他會放縱自己，然後再否認曾有過的那番經驗。每當他把床折成椅子形狀時，所關心的只剩事業，把自己的其他感情和床墊一塊兒隱藏起來。

● 喜歡睡榻榻米的人

這種人喜歡讓自己睡在地板上，這種來自東方斗斯巴達式的地板墊子，有股自律的意味。它們就像地板一樣硬梆梆，而這點正合他意，因為他從來沒打算讓自己太舒適自在。

● 喜歡床有鏡子的人

可能有人說這種人非常自戀，不過這和事實有頗大出入。實際上他不太信任自己的情感，經常跳出來，彷彿在一旁觀察自己。或許，有了床上方的鏡子，他才能夠徹底相信，某次難忘的性經驗真實地存在。

• 喜歡水床的人

這種人很善變，是個真正明白該如何「順應潮流」的人。他可以把過去的所有性經驗完全融合在一起，使自己成為一個極度性感、令人滿意的伴侶。做愛時，他相當投入，能達到忘我的境界，完全忘了時間、忘了地點，沉溺在一波又一波的愉悅和溫暖中。

• 喜歡銅床的人

床就是這種人的城堡，所以四周有精巧的金屬架，四角有四根尖尖的柱子，由於覺得自己十分容易受傷，甚至在睡覺時也需要保護，才不會受到他人攻擊。企圖卸下他這種防禦心的人，會由於無法攻破這道堅實的堡壘而備感挫折。在進行性行

為前，為了審慎和諧起見，他會把雙方該扮演的角色劃分得一清二楚，由誰主控、誰服從全部都先講好。

• 喜歡自動調整床的人

睡這種床，只要輕按一下按鈕，就可以抬高或放低人的頭和腳，而且可以調整出上千種位置。喜歡這種床的人是個完美主義者，無論花多少成本、費多少心力，都一定要追求最好。他為人嚴苛，難以取悅，會刻意塑造環境以迎合自己的需求和想法，而且堅持到底，不願意去順應他人，但要求別人適應。

• 早晨不整理床鋪的人

這種人既不曾有過一位像嚴格的長官一樣巡視床鋪的母親，也不曾遇見一位像母親一樣檢查床鋪的嚴格長官。自以為對人生的態度相當的超然，但其實真真實實性格就反應在現實生活裡，不過是一個既懶惰又無紀律的人罷了！

- 早晨整理床鋪的人

如果在早晨下床前就把自己的床鋪整理好，代表此人愛整潔、擅長打扮自己。

不過，如果每天早上都一定要把床鋪整理得極度漂亮，那就是有潔癖。這種人會把浴室中的每一條毛巾都疊得整整齊齊，將家中每一個角落都打掃得一塵不染，甚至在沙發上蓋一層塑膠套子。別人前來作客根本無法放鬆心情，因為他無時無刻都在找尋掉落的塵屑。

不僅從臥室擺設可以看出個性，床鋪的設計更是深層意識的展現，用無聲語言向接觸的每一個人揭露內心世界。

08

*What kind of person are you!
I know*

從興趣看出
更多內心訊息

多愁善感的女性給人一種很需要受到重
視的感覺,對於那些憐香惜玉的男人來
說,具有很大的魅力。

以愛好識人是門大學問

外向型的人認為「看書」比「閱讀」更有趣，喜歡接觸閱讀比較輕鬆有趣的書，特別是暢銷書。

「世事洞明皆學問，人情練達即文章」，透過一個人的興趣愛好去分析個性特點，是一門很重要的學問。

由一個人的興趣愛好，多半能夠看出他的性格特質，例如愛花的女人比較純潔、喜好音樂的人比較內向、愛足球的男人熱愛生活等等。

光是從下棋的習慣就可以看出一個人的個性，諸如有的人喜歡出奇制勝，有的人穩紮穩打，步步為營：有的人經常悔棋，有的人顧頭不顧尾等等。

不同年齡的人下起棋來風格必定不相同，年輕人下起棋來轟轟烈烈，可是不到

幾分鐘就一敗塗地；年長者老謀深算，下起棋來猶如行雲流水，表面上看來風平浪靜若無其事，卻暗藏殺機。

觀察人的讀書習慣，也能作為判斷個性的依據。

有些人非常喜歡讀書，對書如癡如醉，稱為「書蟲」。他們喜歡的不是漫畫或雜誌等消遣讀物，而是專業書。

他們讀書非常仔細，一行一行地看，一個字一個字地讀，力求細細地品味出字裡行間的深刻寓意。即使是看小說，他們也會聚精會神地認真閱讀，不隨意略過任何字句。

如果碰到喜歡的章節，他們有時會將它背誦下來；碰到不容易理解的段落，他們會重複閱讀，直到讀懂了為止。這樣自然會耗去不少時間，但由於興趣使然，他們對此不會太在乎。

外向型的人認為「看書」比「閱讀」更有趣，喜歡接觸閱讀比較輕鬆有趣的

書，特別是暢銷書。這些人有很強的從眾心理，看這類的書可以幫助他們找到更多能打入人群的話題。

這種人讀起書來速度很快，特別是看小說，囫圇吞棗地一口氣翻完，有時看過就忘。有些人為了急於知道結局，會從後面讀起，如果覺得內容不精采，就會隨手把書扔到一旁，去做別的事情。

外向型的人對純文學多不太感興趣，比較喜歡紀實性作品。

內向型的人讀的書內容比較廣泛，偏愛純文學或富有哲理的書籍。他們遇到問題的時候很少請教別人，而是去圖書館或書店裡尋找相關書籍。

即使是遇到不順心的事，他們也會靜悄悄地從書中尋找答案，而不會顯露於言表，或向別人求教。

沉迷賭博小心大起大落

某些人有一種很不正確的觀點，認為人生就是一場賭局，不是成為贏家，就只能淪為輸家，除此之外別無其他出路。

愛賭博的女性：空虛

對女性來說，最寶貴的東西不是金錢、名譽、地位，而是人品、青春。前者失去還可以復得，後者卻是一去不復返。

女性沉迷賭博，常常都是受身邊男性的引誘影響。一旦坐上賭桌，如果不知收斂，青春和品格就會全部賠進去，以換取情感的放蕩和物欲的燃燒。

打麻將是現代女性最主要的賭博方式，若沉溺其中，經常會把家庭、丈夫、孩子等忘得一乾二淨，甚至變得十分粗暴。

大多數女性並非天生好賭，之所以沉迷賭博是由於內心空虛，感到心癢難忍，因而把賭博當成人生中最有意思的事情。

顯而易見，戒賭是唯一的出路。

愛賭博的男性：大起大落

某些人有一種很不正確的觀點，認為人生就是一場賭局，不是成為贏家，就只能淪為輸家，除此之外別無其他出路，因此一輩子都想在賭桌上拚個輸贏，無心以踏實方式經營人生。

喜歡賭博的人可以分為兩種，第一種賭徒認為，想要輕鬆賺大錢，賭場是最好的地方，任何發財方式都不如賭博來得快。他們相信，只要運氣來了，一夕之間就可以成為百萬富翁、千萬富翁。

但實際上，有幾個人能在一夕之間由窮光蛋變成大亨呢？

第二種賭徒認為，賭博是一種人生的體驗，等同於自我實現，只有在賭桌上，自己的人生價值才會得到實現。就是為了這一次次驚心動魄的人生實現，深深地陷

於其中不能自拔。

這種人喜歡的不是錢，而是對刺激感上癮。

在好賭男人的心目中，賭博就是一切，在賭桌上，自己就是「大爺」，可以完全憑感覺行事，根本不用去看別人的眼色，只要願意，做什麼事情都可以。這種男人，無論表現得多有氣魄，實際上相當平庸，成不了氣候。

也有人雖然不去參加賭博，但具有很強的賭徒心理。這種人在做事的時候，與賭徒有相通之處，不顧後果，孤注一擲，因此不適合掌握財經大權。但由於敢於冒險，這種人往往有更多成功的機會。

好賭者大都難有好結局。運氣來的時候，他們腰纏萬貫，一呼百應，眾星拱月，可一旦手氣不好，必會妻離子散，落魄到生不如死的地步。

嗜好不同，個性不會相同

無論身為男性還是女性，其實都很難脫離動物天性，特別是弱肉強食的一面，足球迷的表現，印證了此一道理。

愛足球的男性：酷愛生活

男性當中，有許多對足球極感興趣。

確實如此，足球讓很多男士魂牽夢縈，觀看球賽是他們日常生活中一個很重要的組成部分。

不少男性認為，不看足球賽的人缺乏男子氣概。無論是在看台邊呼叫、對罵、大打出手，或是在電視機前又哭又笑，他們都認為是理所當然的。與其說是為足球吶喊，倒不如說是一種力量的表現。

在球迷的心目中，足球不僅僅是一場比賽，更是一場戰爭。足球比賽與其他體育比賽的最大的不同處，在於成敗關鍵爲體力、功夫和意志，近乎於弱肉強食的競賽方式很接近人的天性，所以受到男性普遍歡迎。

無論身爲男性還是女性，其實都很難脫離動物天性，特別是弱肉強食的一面，足球迷的表現，印證了此一道理。

另一方面，熱愛足球的男性一般也比較熱愛生活，很多事情提得起也放得下，因此，在競爭中獲勝的可能性較高。

愛繪畫的男性：胸懷寬廣

接下來，讓我們看看另一種截然不同的類型──喜歡書畫的男性。

不少人會將繪畫作爲一種很好的消遣，寄情於丹青，熱衷於收藏字畫，不僅從報刊雜誌上把自己認爲好的字畫剪下來，更會從書畫店中買回喜愛的字畫，愼重加以收藏。

愛下棋的人是爲了避開社會生活與人爭勝，愛書畫的人動機和目的則不在於爭

強好勝，而是爲了自娛。

愛旅遊的人在名山大川間獲得自信，愛好書畫的人在字畫當中更添氣質。

愛好書畫者對財富的追求不會很強烈，但精神境界相當充實。當然，這種人難

免有附庸風雅的毛病。

從興趣看出更多內心訊息

多愁善感的女性給人一種很需要受到重視的感覺，對於那些憐香惜玉的男人來說，具有很大的魅力。

愛藝術的女性：浪漫

法國文豪雨果曾經說過這樣一句話：「精神像乳汁一樣可以養育人，智慧則是乳房。」

「智慧的乳房」對一個女性來說很重要，喜歡藝術的女性可以透過藝術的薰陶使自己更加富有智慧靈性，煥發出更美麗的光芒。

女性學習繪畫書法，通常沒有男性那般成名的強烈欲望，而是希望透過這種方式來陶冶提升自己的智慧和情操。

她們多具有古典風韻，給人很有氣質的好印象。

女性熱愛藝術，主要目的是爲了自娛，她們在愛情方面的表現比較自尊自重，無論多麼渴望或響往都不會輕易拋棄原則。低俗的男人，很難騙得這類女性的情感。

愛音樂的女性：直覺強烈

研究顯示，女性的直覺比男性強，愛好音樂的女性對此更是敏銳。

人類大腦有明確的分工，左腦主要掌管抽象事物，右腦主要掌管具體的東西，音樂正屬於左腦管轄的範圍。若具備音樂天份，再略爲加以訓練，直覺必定會越來越敏銳。

女性的聲音輕柔圓潤，對音樂有著較強的接受能力，所以她們的音樂才能和愛好一般都比男性突出。

由於直覺很強，喜歡音樂的女性往往會發現一般人不容易發現的事情，因此較多愁善感。

別人認爲很細微的事，她們卻可能會耿耿於懷，久久不能放下。

多愁善感對男性來說並不是好事，但對於女性卻未必是一件壞事。多愁善感的女性給人一種很需要受到重視的感覺，對於那些憐香惜玉的男人來說，具有很大的魅力。

愛逛街的女性：青春長久

女性普遍具備的興趣，正是逛街。

有人曾說：「世界上沒有愛逛街的男人，更沒有不愛逛街的女人。」雖然過於絕對，但不無道理。

經常可以看見這樣的畫面：一對夫妻上街，丈夫跟在後頭，妻子走在前面，丈夫的肩上掛著、背上背著、胸前抱著大包小包，滿臉無可奈何，妻子卻輕鬆自在地於人群中穿梭，掃過各個櫥窗。

這樣的女性有兩大特點：一是愛美，二是好奇心重。

因為愛美，她們會不斷接受新訊息，力求能夠趕得上流行；因為好奇心重，她們會在逛街的過程中發現很多意想不到的事情。

對於服裝、化妝品等，她們就算不買也要仔細地研究。對於丈夫買回來的東西

必定是十二分不放心，因此，她們的丈夫經常受到妻子的嚴厲批評，從而學到不少

購物的知識。

不過，凡事都要適可而止。建議這類女性不要對丈夫買回來的東西過度品頭論

足，否則會導致矛盾衝突的發生。

刻意清高刻薄，日子不會好過

真正具有魅力的女性，不但可以征服男性，也可以征服女性。在她們的身上，不僅有性的魅力，更有人的魅力。

自視清高的女性：自戀

古希臘神話中，納西薩斯（Narcissus）是河神之子，經常到泉邊去觀看自己的倒影，最後淹死在泉裡，變成了一朵水仙花。

後來，水仙花就成為自戀者的象徵。

自戀的女性常常逃避男性的追求，深愛著猶如水仙花般的自己，這樣的女性實際上是變相地自我放縱，承受沉寂和孤獨。她們把自己關在小小的天地裡，不願走出去，也不准別人走進來。

在日常生活中，表現越是清高的女性，自戀傾向就越嚴重，常常自以為高人一等，因此孤芳自賞，與外界格格不入。

自戀的人常常自以為是，聽不進別人的意見，這是個性上的一大敗筆。

刻薄的女性：命比紙薄

有些女性說起話來很刻薄，常常把人罵得狗血淋頭。她們可能美貌非凡，因此把身邊的男人和女人都說得一無是處；或許她們自認為很了不起，因此用尖酸刻薄的話語來突顯自己的過人之處。

經常拿別人的不足之處來取笑，是這類女性常用的手法。

她們會在大庭廣眾之下對一個打扮不入時的人說：「哎呀！妳今天怎麼穿得這麼漂亮？」被諷刺者自然面紅耳赤，這個說話刻薄的女人心裡則充滿了自豪，覺得自己是如此不平凡。

從心理學的角度來說，自視較高沒有什麼不好，有時反倒表示了心靈的純潔。

但是，說話刻薄的女性，利用自己的伶牙俐齒無端地傷害他人，是一種令人厭惡的

行為。

刻薄的女性可能給人一時的新鮮感，但是時間一久，在他人心目中就會只留下酸味了。很多資料顯示，這樣的女性，很容易被同性攻擊。

一個真正具有魅力的女性，不但可以征服男性，也可以征服女性。在她們的身上，不僅有「性」的魅力，更有「人」的魅力。切記，把自己的魅力當成武器去傷害別人是一種不好的行為，等同於受到嫉妒心控制。

女性的刻薄比男性更可怕，即使她們本身有什麼過人之處，但只要有一張尖酸刻薄的嘴，一切美好就都不足以彌補。這樣的女性很難得到別人的認同，與朋友之間的關係經常鬧僵，婚姻也不會太美滿。

溫順的女性：家庭和諧

女性說話時，若顯現出淡雅溫柔的性格，自然會獲得他人的青睞。

研究資料顯示，很多男性都喜歡這種女性，對於粗聲大氣說話的女性則比較反感。看在男性眼裡，男性化的女性無疑是在與他們爭名奪位。男性在外面的世界與

他人競爭，回到家裡就等於回到安全的港灣，渴求的是甜蜜和溫馨，這類女性正好可以滿足這方面需要。

女性的一句甜言蜜語，就像涓涓的溪流，給男性溫馨甜蜜的感受，家庭的和諧、生活的幸福，都不可能離開這些條件。

有的女性不喜歡說話，她們選擇不用言語與人溝通，而是靠心靈與他人對話。

有人將這樣的女性比擬為默默的春雨，雖然悄無聲息，但卻滋養著天下萬物。女性沉默寡言的原因，可能是多方面的，但大都能給人一種靜默的美感，讓人覺得溫順。

這樣的女性很有奉獻精神，無論做什麼事情都是默默的，與人交談時，聲音輕輕柔柔的，看見熟識的人，臉上會浮現淡淡的笑容。她們知道庸俗與輕浮都是沒有教養的表現，懂得克制自己。

她們對愛情有獨到的見解，認為談情說愛是一種感覺，心靈的一種默契。她們會把對某位男性的感情藏在心裡，獨自細細品味。

「心有靈犀一點通」是這類女性判斷他人的主要方式，她們認為「我愛你」不是掛在嘴上的甜言蜜語，而是雙方心靈的交流。

沉默的女性不會直接傳達情緒，從她們的面容上也很難看出端倪。看在這樣的女性眼中，在男性的面前撒嬌、流淚、哭訴都是不太好的行為，因為她們認為，每個人都應該具備獨立的人格和性格，才會被人看得起。

她們的愛，是用心去愛，很少赤裸裸地表現出來。這樣的女性對男性的缺點看得比較透徹，只是不說出來而已。

沉默的女性具備自然的美麗和氣質，令男人覺得踏實、溫暖。

一般來說，這種女人是現實主義者，她們認為，說出來不一定有用，有用的東西不一定要說出來。美好的事物常常是藏而不露的，過於表面的東西往往不值得珍惜。

由開車方式看性格

開車慢、重視安全的人較講義氣，總是不聲不響地做事。他們缺乏幽默感，為人處世通常不懂得拐彎抹角。

可曾注意過身邊親戚朋友的開車方式？開車的時候，許許多多小動作裡，都藏著有趣的訊息。

獨自開車的人：內向

有的人開車的時候總是默不作聲，即使旁邊坐著很親近的家人朋友也是如此。這種人的個性比較內向，好惡分明。由於很重視第一印象，思維有明顯的先入為主傾向。

這類人不會討好別人，是很誠實的理想主義者。但過度優柔寡斷，無法爽快地答應一件事情。

開車安全的人：古板

有的人開車特別慢，不違反交通規則，是一個標準的駕駛者。開車之前，必會先仔細地檢查車況，確認沒有問題才上路。

這種人的個性比較古板，做事很認眞、腳踏實地，但因爲對人比較嚴肅，有時顯得過分固執。

開車慢、重視安全的人較講義氣，總是不聲不響地做事。

他們缺乏幽默感，爲人處世通常不懂得拐彎抹角。別人不太容易理解他們，他們也不太有興趣去瞭解別人。

塞車時不慌不忙的人：隨和

有的人開車能保持不緊不緩，特別是塞車的時候，一般人會焦躁不安，這種人

總是從容不迫，一步一步地跟著前面的車，顯得相當鎮靜。

這樣的人隨和且開放，即使是與人初次見面，也能和對方融洽相處，就像老朋友相聚一樣，很少碰上難以交流的情況。

這種人比較直率，對人熱情，辦事能力不錯、悟性佳，關鍵時刻經常能表現出果斷力，做出正確決策。

剎車過早的人：謹慎

有的人在開車的時候，明明離停止線還有一段距離，卻要急忙踩剎車，好像生怕會出什麼事情一樣。

這樣的人一般來說比較謹慎，有時甚至是膽怯。他們的神經太過敏，給人杞人憂天的印象。

由於沒有什麼主見，一遇到事情就六神無主，無法提出好的解決方案。

他們並非沒有能力，只是太在乎別人的看法，導致不敢做出決定或是提出內心的想法，猶豫不前。

喜歡超車的人：好勝

有的人開車的時候一心想要逞強，如果不能超過前面的車，心裡就覺得不舒服。這種人不服輸，爭強好勝，由於比較注重外在，表面功夫往往做得很好。在上司面前，他們唯唯諾諾，表現得十分無能；但在下屬面前卻很狂妄，一副得意洋洋的架式。

也有人很喜歡超車，但超車之後又不加速，而是不斷從後照鏡裡看後面的車，等到對方快要追上來的時候，才再次猛踩下油門，不讓別人超過自己。這類人往往比較霸道而且充滿自信，喜歡從事競爭性較強的職業。他們的做事速度很快，一般不會輕易相信別人，有唯我獨尊的傾向。

可以想見，這種人是典型的自我主義者，一旦自己處於劣勢，心裡就會感到很不愉快，甚至還會因此生病。

有潔癖的人，做事比較有效率

有潔癖的人，做起事來井井有條，很有效率。在上司和同事的心目中，樹立起能幹的形象，因此獲得重視和提攜。

不同的癖好和堅持。

由於個性、背景與其他各方面的差異，不同的人會對不同的事物感興趣，也有

熱心社會活動的人：執著

有的人對於社團、社會活動等比較熱心，喜歡為他人服務。這樣的人很有信念，往往信奉某種主義，比較重視家鄉、母校、家人等。

他們很討厭半途而廢，一旦決定做一件事情，就會下定決心進行到底，自尊心

很強。因為具有較強的人情味，因此，往往會得到其他人的信任。

這種人嚮往名譽和地位，但對金錢看得比較淡，這是不同於一般人的地方。心中懷抱著一股超越常人的強烈欲望，所以顯得比較執著。

如果要請這種人出手相助，可以多次登門拜訪，總會達到目的。主動做一些讓他們感動的事情，有助於換取信賴。

愛清潔的人：工作有條理

有潔癖的人就跟熱衷社會活動的人一樣，在這社會中，所佔數量越來越多，比例越來越大。

講究衛生是每個人應該要做到的事情，可是，有的人對此要求太高，覺得整個世界都是汙濁不堪的，這就是「潔癖」。

這種人當然有男有女，但根據調查資料顯示，女性多於男性。女性比男性講究整潔，這是普遍的現象，但若永無止盡地講究衛生時，就有些過頭了。

會養成這種習慣，往往與人的職業有一定程度的關係，譬如醫生、護士、餐飲

人員……等等。由於他們每天都看到很多骯髒的東西，所以常常會有追求清潔的欲望。

凡是有潔癖的人，只要一有時間就會不停地打掃，衣服洗了又洗，房間一遍一遍地清掃，手一再搓洗，就怕讓任何一點髒東西侵害自己。有時候，一天甚至要洗好幾次澡，因為他們總覺得自己身上有什麼異味。

這類人對於一丁點的灰塵都無法容忍，不把髒的東西掃除乾淨，就不能放心。

如此的舉動雖然讓許多人看了覺得不習慣，但並非太大的問題，所以多能得到人們的寬容。

工作方面，他們一絲不苟，做起事來井井有條，很有效率。在上司和同事的心目中，樹立起能幹的形象，因此獲得重視和提攜。

透視內向者的興趣傾向

內向型的人所選的歌曲，往往是經典，唱起來比較高雅，聽起來比較舒緩，具有極強的古典色彩。

喜歡觀測天體的人：內向

有些人喜歡仰望滿天星斗，細心地觀看浩瀚無垠的宇宙，因為他們的心可以在幽深神奇的地方感到無窮無盡的樂趣。他們會藉著星星交談以思考永恆，與人類的思想加以對照，藉此探求人生的真諦。

他們之所以沉醉於浩瀚的星空，並非只單純為了觀賞星辰的美好閃耀，也不一定是喜好銀河系的壯美，而是寄託著他們的一種心緒。人類科學程度還無法企及的神秘領域，在他們的心中佔有很重要的地位。

沉醉在浩瀚星空的人不會太熱衷於跟人交流，一心尋求充滿神奇的世界，內心也比較純潔。

迷戀野鳥的人：個性內向

喜好與大自然融為一體的人，個性通常比較內向。

當這種人走在林蔭道上，只要發現一隻小鳥，即使連名字都不知道，他們也會停下腳步，豎起耳朵，傾聽鳥兒的聲音。

他們喜愛帶著照相機和望遠鏡到山上、河邊或樹林中，去觀察鳥類的行蹤，傾聽悅耳的叫聲。他們可以隨口說出很多野鳥的名稱，外向型的人則不太可能辦到，很可能只知道燕子和麻雀而已。

不僅到野外去觀察鳥類，他們還會積極參加各種賞鳥會等。

這種人具有慈悲心，不會成為獵殺野生動物的劊子手。

熱衷於保護大自然的人當中，必定有喜好野鳥者。

癡迷於電腦的人：內向

電腦，現在已經成為現代人不可或缺的用品。但是，一般來說，個性外向者較少對電腦入迷。

內向型的人，多半對於數字和機械相關事物較擅長，學習電腦對他們來說，根本是輕而易舉的事情。

讓內向者特別感興趣的，正是電腦的「千篇一律」，面對電腦時，他們會感到一種明確的安全感。他們認為，與人類相較，電腦更加實在，一旦擁有自己的電腦，就恨不得把它隨時隨地帶在身邊，這種人正是最典型的內向者。

對於單調且非常秩序化的事情，外向型的人往往不容易適應，但對於內向型人而言，等同於再好不過的工作。

對於電腦，如果不是工作上的需要，外向型的人往往敬而遠之，即使偶爾玩玩，也不過是為了打發無聊的時間。

愛好古典音樂的人：內向

音樂可以分為很多種，不同個性的人對音樂的選擇必定截然不同。

對熱熱鬧鬧的流行歌曲著迷的人，一般都較外向型，天性喜歡熱鬧。個性比較內向的人，則會喜歡古典的音樂。為了能夠仔細地欣賞這類音樂，他們會不惜成本備辦各種各樣的音箱和各種各樣的光碟等。

內向型的人所選的歌曲，往往是經典，唱起來比較高雅，聽起來比較舒緩，具有極強的古典色彩。他們喜歡聽音樂，但寧可戴著耳機，一個人靜靜地聽，而不像外向型的人那樣，大方地在大庭廣眾下與他人共同欣賞。

喜歡古典音樂的外向型人，大都喜歡前往音樂廳、演奏會之類場所，在他們心裡，聽古典音樂倒在其次，真正的目的是與人交流。

可以說，他們還是更適合流行音樂或比較熱鬧的音樂。

愛好陽台園藝的人：內向

喜歡好陽台園藝的人愛好很廣泛，從野生的雜草到五彩繽紛的花卉都渴望接觸，並把這類事情當成很大的樂趣。

這種人的感情很豐富，心比較細，能夠記住不少的花鳥草蟲，並對它們投入很深的感情。他們的心目中有這樣一種信念，認為人的一生，總應該有些不斷追求的事情。

外向型的人也可能喜歡花鳥草蟲，但往往是憑一時衝動就從花市買回一盆漂亮的花，或者動手栽一棵小小的仙人掌之類植物，但由於無法精心照料，可能過不了幾天，可憐的花草就會渴死。

這些人對植物的名稱也沒有多大的興趣，所以，有時甚至連自己所種的是什麼都說不出來。當有人問及這方面問題的時候，他們的回答很可能是：「不知道，反正好看就好。」

喜好植物是內向型人的特徵之一。由於對植物有一種較強的親近感，他們喜歡把一些小植物放在自己身邊。

大凡種植花草、培植盆景、觀看植物等，他們都樂此不疲。

打開手提包，個性躲不掉

能將包包裡的物品擺放整齊的人，不僅有責任感，秩序感也很重，做事認真、思路清晰、為人精明。

包包又滿又亂的人：大剌剌

你必定見過這種現象：有些人出門的時候，總是將手提包裝得滿滿的，因此萬一要找某種物品，就得把手提包裡的東西全都翻出來。

這種人個性通常是大剌剌、不拘小節的。

在日常生活中，有這種習慣的女性屬於比較冷淡的類型，她們不大體貼別人，做事不太謹慎，工作態度比較隨便。

這種人雖然比較容易接近，但也比較容易分開。

在職場上，具有高度責任心的人，不太容易跟這類型人合作。

手提包內雜亂無章的人，通常意味著缺乏秩序感，不太會整理物品，做事情也比較馬虎。

包包裡應有盡有的人：辦事認真

有些人的手提包裡，各式各樣物品應有盡有，如眼鏡、梳子、衛生紙、手機、鏡子、化妝品……等。

如果是一位女性，那麼一定是做事情很嚴格且認真的人，而且這種女性具備很強的處理問題的能力，通常行事仔細，很會持家，對人體貼入微，並且比較有遠見。

這種情況如果發生在男性身上，極有可能會過分地拘泥細節。

手提包內應有盡有的男人，一般而言生性謹慎，思慮較嚴密，但有過於嚴厲、保守的傾向。

包包裡層次分明的人：責任感強

有些人的手提包裡雖然裝有很多物品，但是擺放得井井有條、層次分明，無論要找什麼東西，隨手就可以拿到。

這種人通常具有強烈的虛榮心與自尊心，做事認真，生活有條理，擅長待人接物，規劃生活，對工作有高度的責任感。

能將包包裡的物品擺放整齊的人，不僅有責任感，秩序感也很重，做事認真、思路清晰、為人精明。

收藏展現
自身的生活追求

喜愛收集衣服飾物的人,大都愛打扮、
喜歡揮霍,想透過外表使自己成為眾人
矚目的焦點。

看電視的習慣流露人的特點

一遇到自己不喜歡的節目就立即轉台的人，耐心和忍受力都不強，但他們不會浪費時間、金錢、財力、物力。

在現代人的生活當中，看電視幾乎是一項不可缺少的重要休閒活動。不過，除了提供人們娛樂之外，透過看電視，也可以觀察出一個人的性格特點。

有些人會一邊看電視一邊做其他一件或好幾件事情，如邊看電視邊看報紙、打毛衣或吃東西。這固然和所看電視節目的內容有一定關係，但也說明這樣的人大多很有彈性，能較容易適應各式各樣的環境。

在條件允許甚至是不允許的情況下，他們都很願意向自己、向外界進行挑戰，

嘗試新鮮的事物。

在看電視時保持精神高度集中的人，多半辦事認真，做任何一件事情都能夠全心地投入。這類人的情感比較細膩，有豐富的想像力，提出的意見很容易獲得他人的共鳴。

對著電視，看著看著就睡著的人，除去工作特別累、精神非常疲勞的情況外，性格多隨和又樂觀。即便挫折和困難當頭，往往也能夠笑著坦然面對，並積極地尋找各種解決方法。

一遇到自己不喜歡的節目就立即轉台的人，耐心和忍受力都不強，但生性很節儉，不會浪費時間、金錢、財力、物力。這類型的人獨立性很強，不屑於當那種一窩蜂追求流行的人。

由偏好的音樂看出個性優缺

留意一下身邊親朋好友，甚至是對手喜歡的音樂，將可以幫助你更輕鬆、更深入地了解他們的內心。

一個人不管如何遮掩，內心深處最真實的一面，一定會透過表情、情緒反應、肢體動作和特殊偏好顯現出來，想在這個爾虞我詐的社會行走，就必須具備讀人讀心的重要本領。

聽音樂是人類生活當中一項重要的娛樂活動，尤其是在樂器和音樂的種類越發多姿多彩、五花八門的現代。

很多人和音樂結下了不解之緣，把音樂當成知己，把自己最深的感觸向音樂傾

x

x

訴。有的人把音樂當成畢生理想追求，堅持不懈；也有的人把音樂當成導師，藉從中得到的震撼來激發自己的活力和動力。

由此可知，透過分析對音樂的喜好，也可以窺知人的某些性格。

喜歡交響樂的人信心十足，躊躇滿志，凡事只看積極的一面，能夠迅速和他人打成一片，但往往會因對別人盲目相信導致吃虧受損失。

他們喜歡顯露自我，常處處強調自己的不平凡，希望在上流社會中佔有一席之地，有不務實的缺點。

喜歡聽淒美歌曲的人多愁善感，心地善良，頗能體恤他人。歌曲如他們生命歷程中的燈塔，指引出前進的方向。在面對人生大起大落時，音樂常常能起推波助瀾的作用。

喜歡歌劇的人思想較為傳統保守，容易情緒化，易出現偏激行為。由於清楚這

個弱點，所以總是極力控制自己，避免不愉快產生。

他們有很強的責任感，對一舉一動都要求認真負責，力求以完美的形象出現在大眾面前，處處要求盡善盡美。

喜歡搖滾樂的人害怕孤獨，不能忍受寂寞，喜動不喜靜，愛好體育運動。他們可能憤世嫉俗，對社會有許多不滿，經常控制不住自己的情緒，必須以音樂當作慰藉。喜歡團體活動，將音樂作為滿足各種慾望的工具。

喜歡進行曲的人多墨守成規，不求變遷，滿足現狀，但仍會力求臻至完美。對自己要求甚高，不允許所做的事出現半點差錯，可是現實中的不完美常常使他們動搖、失望，甚至遍體鱗傷。

喜歡鄉村音樂的人成熟老練，不會輕易做出令自己後悔或有損於利益的事情。

他們細心又敏感，喜歡關注社會問題，樂於支持弱勢團體。生性追求安靜怡然，不

喜歡大城市的紛繁與喧鬧，喜歡過完全由大自然控制的田園生活，並為此不遺餘力。

喜歡打擊樂的人個性耿直爽快，對生活充滿了希望，並會精心安排計劃自己的未來。為人處世以和為貴，同時也喜歡和人談天說笑，具有很強的社交能力，能夠得到大多數人的歡迎。

喜歡流行音樂的人屬於隨波逐流類型，在戀愛和人際交往過程當中多會遠離複雜的思慮，隨時準備被感情俘虜。他們不能忍受深層次的自省和強烈的感情，力圖透過聽音樂保持輕鬆和自在。

喜歡古典音樂的人理性較強，較能自省，能夠用理智約束情感。從音樂中汲取相當多的人生感悟，結果反倒使自己形單影隻、孤家寡人，因為很少有人能與他們的思想和感情產生共鳴。

愛好爵士樂的人，性格當中感性成分所佔的比例較大，做很多事情都只憑一時衝動，未充分考慮客觀實際。他們不喜歡受到約束，常我行我素，總是有一些荒唐的幻想。好追求新奇事物，討厭一成不變，五光十色的夜生活總能令他們流連忘返。由於生活與理想相差太遠，常常會感到一種莫名的恐懼，與難以化解的矛盾。

留意一下身邊親朋好友，甚至是對手喜歡的音樂，將可以幫助你更輕鬆、更深入地了解他們的內心。

閱讀喜好受知識學養的影響

喜歡讀推理、偵探小說的人，富於幻想和創造，想像力也很豐富，面對困難時能夠從不同的角度進行分析，

除了報紙之外，由每個人偏好閱讀的種類不同，也能看出人的不同性格。

偏好閱讀財經雜誌的人，不喜歡安於現狀，不甘寂寞，而且有冒險犯難的勇氣，個性爭強好勝、不願屈從，渴望超越別人。

他們崇尚權威，渴望榮譽，努力尋找發達的時機，好為自己的人生譜寫出最光輝燦爛的一頁。

喜歡讀時裝雜誌的人，追求時尚，出手大方，以掌握最新服裝資訊和流行趨勢

為樂事，以顯示自己在此領域的水準和能力。可是因為將時間和精力都花在外表上，忽略了內在修養，通常無能成就什麼大事業。

喜歡讀言情小說的人非常注重感情，能夠隨著故事情節的發展和小說中的人物一起悲歡。他們對事物有很強的洞察能力，而且自信又豁達，吃一次虧後學一次乖，會很快恢復元氣，有成就事業的可能，以女性居多。

喜歡看武俠小說的人富於幻想，追求浪漫，心底深處有某種壓抑很深的英雄情結，總是希望自己能出人頭地。他們的感情豐富，但有時過於細膩或者偏執，反而不受異性喜愛，通常為男性較多。

喜歡讀歷史書籍的人創造力豐富，講究實際，不喜歡胡扯閒談，會把時間都用在有建設性的工作上面，討厭無意義的社交活動。

他們能夠從歷史事件當中汲取對人生有意義的東西，具有很強的分辨是非能

力，深受他人讚賞。

喜歡看傳記的人具有強烈的好奇心，做事謹慎小心但野心勃勃。他們善於衡量利弊得失，統籌全局，從不打沒有把握的仗，條件不成熟時絕不會越雷池一步，損及自身。

喜歡看街頭小報、期刊雜誌的人熱情善良、直爽可愛，善於使用巧妙又幽默的話語活絡氣氛。他們有非常強的收集和創造能力，趣味性的話題總是張口就來，經常是大眾眼中的小丑和寵兒。

喜歡看漫畫書的人，也都喜歡遊戲，童心未泯、性格開朗、容易接近，無拘無束，喜歡自由自在，不想把生活看得太複雜。

他們對別人不會多加防備，往往在吃虧上當後才發覺自己是那麼的幼稚，不過，能夠「吃一次虧，學一次乖」，也不是壞事。

喜歡讀推理、偵探小說的人喜歡挑戰思想上的難題，富於幻想和創造，想像力也很豐富。他們善於解決難題，面對困難時，能夠從不同的角度進行分析，也樂於挑戰別人不敢碰的難題。

喜歡看恐怖小說的人，認為簡單的生活太乏味，渴望用刺激冒險活絡自己的腦細胞。他們有懶惰的性格，不喜歡思考，很難從周圍獲取樂趣和歡愉，同時對身邊的人不感興趣，不太合群，獨處一隅的時間較多。

喜歡讀科幻小說的人富有幻想力和創造力，常常被科學技術迷惑吸引，喜歡為將來擬定計劃，但不講究實際，缺乏持之以恆的精神。他們願意為他人喝彩，卻很少打造自己的輝煌成就，經常在幻想當中過日子。

想多方面了解人性，不妨試著從「書籍」下手，相信也會有所收穫。

收藏展現自身的生活追求

喜愛收集衣服飾物的人，大都愛打扮、喜歡揮霍，想透過外表使自己成為眾人矚目的焦點。

如今，收藏已成為許多人的嗜好。

有人喜歡收集收藏品，為的是等待若干時日後升值；有的人收集收藏品是為了提高個人修養，陶冶性情；有的人收集收藏品為的是向別人炫耀，以顯示高雅脫俗，不同凡響；也有的人收集收藏品是為了懷念過去。

收藏品五花八門，收藏者的性格也就各具特色。從一個人所收集的收藏品，可以了解到這個人的部份性格。

收集象徵榮譽物品的人，通常對現狀不滿，總認爲自己曾經經歷的輝煌不應該那麼快地湮滅，應該繼續享受榮譽和鮮花。這種人不懂得「長江後浪推前浪」的道理，所以只能依靠回憶過去的光榮歷史撫慰心靈。

收集書籍、雜誌和報紙的人多有學識和上進心，喜歡在家裡享受看書的樂趣，即使一人獨處也能自得其樂。有些人藏書雖多，資料豐富，但大多數已經過時，沒有實用價值，卻依然想憑藉以顯示自己博學，所以在實際生活中總是比別人落後半拍。

收集照片、明信片的人喜歡回憶過去歡樂的情景，相片爲他們和記憶中的人或景拉近了距離，使舊感情更加濃郁。

另外，向別人展示相片，也是介紹自己的一種方式。

有些人喜歡收集藝術品、古董，因爲它們往往代表高雅、博學，更是財富的象

徵，表明收集者注重自己的社會地位和身份。

由於這類收藏品的品質和價值是收藏者之間品味和目光的較量，所以他們的好勝心都很強。

收集旅遊紀念品的人，喜歡不斷地追求新鮮、奇特和怪異，並具有探幽索隱的探險家勇氣。

為了尋找令自己滿意的收藏品，他們樂於冒險，敢於出入高山野嶺、荒漠戈壁，在天南地北都留下旅行足跡。

收藏玩具的人易於滿足，知道分寸，家是他們最快樂的場所，寧靜安逸的生活是莫大的享受。他們留戀過去，對曾經擁有過的一切感到自豪，並極力將所有美好時光保存於記憶當中。他們追求的就是年輕，總是想辦法重溫童年時經歷的快樂。

收集舊票據的人有很強的組織和領導能力，辦事細心、條理清楚、按部就班，

但是常將精力浪費在無用的細節與沒有意義的過程當中，自以為是未雨綢繆，實則等同杞人憂天，因為擔心的危險出現的機會實在太渺茫了。

他們偶爾也有尋找刺激的念頭，但考慮到眾多的細節後總是無法行動，所以生活幾乎一成不變。

喜愛收集衣服飾物的人，大都愛打扮、喜歡揮霍，想透過外表使自己成為眾人矚目的焦點。

喜歡收集舊款式衣物的人，堅信自己的收藏品會再度流行起來，這是他們不可動搖的堅持。其實，保留了舊衣物，與之如影隨形的觀念和思想也就無法根除乾淨，但倔強的他們仍然相信這些舊衣物會再度流行，到時不但省錢省力，更代表自己擁有高瞻遠矚的獨到眼光。

收藏物必定和擁有者的氣質有聯繫，這一點，無庸置疑。

從飼養寵物看處事態度

喜歡養魚的人有生活情趣，是個充滿自信的樂天派，對事業和生活沒有過高的奢求，只想平平安安地度過每一天。

養寵物是一種休閒方式。個人喜好不同，選擇的寵物自然相差懸殊，但是從心理學角度來看，不難發現其中一個共通性，那就是透過飼養的寵物，通常可以看出飼主的真實性格。

喜歡養鳥的人多半性格細膩，個性溫柔，相對的，心胸狹隘，同時會精心地打點屬於自己的空間。

他們不喜歡繁瑣的人際關係，交際能力差，性格孤僻。養鳥使他們能自娛自

樂，打發多餘的時間和寂寞，成為生活中不可或缺的夥伴。

喜歡養魚的人有生活情趣，是個充滿自信的樂天派，對事業和生活沒有過高的奢求，只想平平安安地度過每一天。有人說這樣的人胸無大志，但他們多半一生快樂，這點實在令人羨慕。

一般而言喜歡養貓的人崇尚獨立自主，討厭隨便附和，為人處事直來直往，從來不委曲求全。

他們個性內向，喜歡寧靜和恬淡，會抑制感情流露，很少有人能進入真實的內心世界。這類型的人，由於嚴於律己，因而讓人感覺不到熱情活力，有時難免顯得矯揉造作。

喜歡養狗的人性格隨和溫順，待人親切，但缺點是容易隨波逐流，總是順著別人的想法做事。

他們個性外向，不喜歡寂寞孤獨，整天嘻嘻哈哈，與周遭朋友的關係融洽，交際能力出眾，性格爽快開朗，人情味濃，胸無城府，說話坦蕩直接，真實想法會立即從表情或行為舉止當中顯現。

另外，還可以細分：喜歡獅子狗的人性情活潑好動，像個大孩子；喜歡牧羊犬的人虛榮心較重，有喜歡炫耀自己與眾不同的傾向；喜歡名種狗的人肯定家境小康，且事業一帆風順；喜歡收留流浪狗的人，多半富有同情心。

旅遊體現個人的生活追求

如果你想要了解自己或身邊人的真實性格，不妨觀察一下喜好的旅遊的地點或方式，也許會有一些意外發現。

旅遊是一種集吃、喝、玩、樂、行於一體的綜合性消遣活動，可以促進健康、增長見識、拓展人脈，更可以為自己的人生增添不少色彩。

心理學家研究發現，人們喜愛的旅遊方式，確實與自身潛在的性格有著相當密切的聯繫。

喜歡訪親探友的人，講究誠實守信，注重情感友誼。藉探訪朋友或親戚的活動，他們會獲得極大的快樂與滿足，因為他人的熱情款待，證實了自己對朋友付出

的一切沒有付諸東流，做人無疑是成功的。

喜歡大海和海灘的人，性格保守、傳統，心事較重，不願暴露內心的真實情感，獨處一室享受私密空間是他們莫大的心願。無論對朋友還是事業夥伴，皆不注重或熱衷於私下的往來。由於有責任心而成為好父母，子女會得到莫大關愛和無微不至的照顧。

喜歡露營的人，性格當中保守的部分居多，推崇傳統倫理觀念，嚴格按照崇高的道德標準行事，一舉一動都會吸引大眾的目光，具有很高的道德素養。

他們也擁護獨立，不喜歡受到長輩的庇護和約束，想像力豐富，能夠化平凡為神奇，有著講究實際的人生觀，與人交往不卑不亢。

喜歡自然景致的人，追求無拘無束，嚮往輕鬆自在，受約束的生活和一成不變的工作常常令他們苦不堪言，渴望眼前的工作馬上轉換為宜人的風景。有活力、有

熱情，做什麼都得心應手，有著豐富的想像力，追求生活中的新思想或新事物是畢生的願望，能夠對自己的人生負起責任。

喜歡戶外活動，不喜歡室內活動的人，必須靠廣闊的外部空間激發自身的創造力和新奇的想像力。他們精力充沛，敢於迎接各種挑戰，能夠對自己的言談舉止認真對待，且通常能得到很好的回報。

喜歡出國旅遊遊的人比較時尚，站在時代潮流的最前端。喜歡求變，對新鮮事物懷有興趣，對人生充滿信心，樂觀向上，生活中的壓力經常在談笑風生之中化為烏有，總是過得瀟瀟灑灑，幾乎可以隨心所欲地決定一切。

如果你想要了解自己或身邊人的真實性格，不妨觀察一下喜好的旅遊的地點或方式，也許會有一些意外發現。

從益智遊戲看個性

研究喜歡的益智遊戲，可以作為輔助資料，對一個人進行分析、觀察和了解，深入了解他的內心世界。

「益智遊戲」就是以新方法運用舊知識來解決問題，經常接觸相關的遊戲，會使一個人逐漸變得更聰明富智慧。

不同的人會喜歡不同類型的益智遊戲，等同個人性格的一種展現。

喜歡魔術方塊的人，自主意識比較強，不希望別人把一切都準備好，自己卻不需要花費什麼力氣或心思，也不喜歡把別人的思想和意見據為己有，而是熱衷於親自鑽研並探索，哪怕需要漫長的過程並付出昂貴的代價，也不改初衷。

他們很有耐性，對某一件事情，在他人感覺到不耐煩的時候，往往還能堅持如一。他們的心思也很靈巧，觸覺相當靈敏，喜歡自己動手製作一些小玩意，從中得到成就感。

喜歡拼圖遊戲的人，自身的生活常常像拼圖一樣，好不容易把一幅完整的圖形拼好，緊接著又會變成一塊塊的碎片，常常會被一些意料不到的事情干擾和左右，甚至使長時間的努力付出全部付諸東流。

值得慶幸的是，這類型的人具有一定的忍耐力和信心，在不如意面前，不會輕易被擊垮，能夠保持奮鬥的精神，使一切重新開始。

喜歡填字謎的人，多是做事非常看重效率的人，希望在最短的時間內、花費最少的精力，將某件事情做到最好。他們很有禮貌和修養，與人相處時彬彬有禮，顯示出十足的紳士風度。多有堅強的意志和責任心，敢於面對生活中許多始料不及的困難和災難。

喜歡玩幾何圖形遊戲的人，多是比較聰明富智慧的，對事物常常會有自己獨到的見解，而不是人云亦云。

他們有很強的自信，生活態度積極樂觀，在思想上比較成熟，爲人深沉內斂，常常一副成竹在胸的模樣。做某一件事情之前，要經過深思熟慮，前前後後把該想的都想到，在心裡有了大致的把握以後，才會行動。這樣即使出現什麼變故，也能很快找到應對的策略。

喜歡數位類益智遊戲的人，邏輯思維能力多半比較強，生活極有規律，有時候甚至到了死板的程度。

他們在爲人處世方面並不圓滑也不世故，反倒過分地有稜有角，既易傷到別人，也會爲自己帶來傷害。

喜歡腦筋急轉彎的人，對生活的態度雖然非常積極樂觀，但有時候並不了解生

活的實質是什麼。

他們的生活沒有什麼規律，對於各種事物的輕重緩急也沒有清楚的認識，常常會將時間、精力甚至財力浪費在沒有任何意義的事情上面，反倒將正經事情耽誤了。可是，他們並不為此而懊惱或後悔，還會找各種理由安慰自己。

喜歡神秘類益智遊戲的人，性格中最顯著的特徵就是疑心比較重。在他們看來，世界上好像沒有一樣東西是可信的，對任何事物都感到懷疑，這種懷疑常常又沒有任何依據可言。

他們對事物的細節及一些細微的差別總是表現得極敏感，這樣的敏感往往又會成為自己懷疑的依據。他們會不斷地懷疑他人，但總是因為沒有充分的證據而感到苦惱。

喜歡在一張照片中尋找錯誤遊戲的人，生活過得多半不輕鬆，常常會被一些沒有任何理由的煩惱困擾，即便現狀一片大好，仍不由自主朝著不好的方面想。他們

的胸襟不夠寬闊，很少注意到他人的優點，總是緊盯著缺點不放。

將某一英文單詞的字母隨意顛倒順序，組成新的單詞，喜歡這一類型文字遊戲的人，思維反應多是相當靈敏的，隨機應變能力很強。

他們對人的觀察也有一些獨到的見解，能夠很快又非常準確地洞察一個人的內心世界。在懂得了他人的需求之後，能馬上給予滿足。

研究喜歡的益智遊戲，可以作為輔助資料，對一個人進行分析、觀察和了解，深入了解他的內心世界。

從飲酒愛好看個性

根據美國知名大學社會調查研究所的調查，喝啤酒意在表現輕鬆愉快的心情，渴望從苦悶的環境中獲得解放。

飲酒是人們在社交場合中最常見的應酬方式，也可說是人們溝通意見、聯絡感情以及解決問題的好方式。

藉由飲酒可以了解對方的性格，或作為掌握及理解對方心態的參考。

根據美國心理學家的研究，喜好狂飲者通常具有渴望改變自我的願望。這些人之所以豪飲，是期望使自己的性格改變為理想中的模式。換言之，他們會不停地喝酒，直到覺得變成滿意的性格為止。因此，並非因好酒而飲酒，乃是渴望改變自我的心理因素在作祟。

狂飲者如果發現能夠使心理缺憾獲得最大滿足的酒，則會特別偏愛。他們其實不在意各種酒在口感上的差別，喜好多半是受心理的影響。

雖然酒的種類和性格的關係，尚無充分的調查或研究，但仍可以做出以下的大致分析：

• 喜歡喝威士忌的人

這種人適應力強，能充分採納旁人的意見。出人頭地的願望非常強，只要有機會，即渴望賺大錢或得到上司的認可。對待女性非常重視禮儀，並且態度親切，多半會明確地表達自己的心意。

此外，威士忌的飲用法有以下的差別：

喜歡喝稀釋威士忌的人，大半是最普通的男性性格，渴望能充分把自己的觀念傳達給對方，適應力非常強。

喜歡加冰塊喝的人，無法確切地用詞語或表情傳達自己的心意。他們會仔細觀察周圍的情況，易被他人的意見左右，但是，在公司裡往往能平步青雲。平常會掩

飾自己的感情。

喜歡喝純威士忌的人具男子氣概，冒險心強，討厭受形式束縛，對威權具有反抗性。他們富有創造力、獨創性又具正義感。外表上對女性表示冷淡的態度，內心卻相當溫柔。

● 喜歡喝白酒的人

有些人偏愛烈性白酒，如果餐桌上沒有就覺得索然無味。喜愛白酒者一般喜歡社交活動，又樂善好施，性格中有好好先生的一面，極在意對方的感受，易受吹捧，受人所託無法拒絕，對女性尤其親切。

他們在公司或職場中由於相當關照部屬而深受愛戴，但卻很難獲得上司的認可。在混亂的局面中可發揮卓越的能力。為了得到認同，願為對他能力有極大期待的人奉獻心力。

● 喜歡喝洋酒的人

最近年輕男子中，喜歡喝洋酒的人越來越多，商店到處都有洋酒陳列。用餐或約會中必喝洋酒的男性通常極具個性。

這類男性多數追求豪華的生活，崇尚新潮喜愛從事引人注目的工作，在服飾等方面也較挑剔。

• 喜歡喝雞尾酒的人

喜好帶點甜味的雞尾酒者很少有豪飲型，與其說他們是在喝雞尾酒，不如說是在享受氣氛，或渴望與異性對談。

但是，如果喜好辣味而非調味的雞尾酒（如馬丁尼酒），則是具有男性氣概的表現，能在工作上充分發揮自己的個性與才能，值得信賴。同時富責任感，舉止行為有分寸。

喜好喝甘甜雞尾酒者，多半是不太喜愛酒精的男性，或渴望邀約女性共享飲酒的氣氛，或期待借酒精緩和對方的情緒。

如果向女性勸喝酒精濃度高或較為特殊的雞尾酒，乃是暗自期待利用酒精使女

性無法做冷靜的判斷。在跳舞前勸女方喝雞尾酒的男性，通常可解釋為希望和該名

女性有更深一層的交往。

• 喜歡喝啤酒的人

根據美國知名大學社會調查研究所的調查，喝啤酒意在表現輕鬆愉快的心情，

渴望從苦悶的環境中獲得解放。

約會時喝啤酒的男性，通常想要表現最原始、最自然的自己。

如果向同行的女性勸喝啤酒，是渴望對方和自己有同樣的心情，或內心期待愉

快的交談，無需矯揉做作。

選購外國啤酒的人性格上和喜好洋酒者類似。至於特別喜好德國啤酒的男性，

只是想向女性標榜自己異於一般男性。喜好黑啤酒的男性，則通常對強壯的體魄嚮

往不已。

日後若有飲酒的機會，不妨多觀察一下他人的選擇，相信會有收穫。

準確識人，
才能遠離小人

僅僅憑外在條件就對一個人下定語，往往是不可靠的，也是不可取的。

準確識人，才能遠離小人

人與人之間恰如其分且正確的理解，無須經過長期的、過分親密的熟悉。關係不過密時，頭腦最冷靜客觀，對於正確地認識此人是最適合的。

與不相識的人初次見面時，對方的外貌（包括長相如何、風度怎樣等等）似乎就決定了第一印象的好壞。

然而，不管他人留給我們的第一印象如何深刻，要想真正認識一個人，不能只停留在第一印象上，這只是對一個人認識的起點，絕不是終點。畢竟它是建立在資訊不足——尤其是反映內在本質資訊不足的基礎上，相當具表面性和片面性，有時還會有些虛假。它也常常受到我們的生活經驗、個人的好惡傾向所左右，所以應該努力看得更深刻一點。

以下是識人三大法則，值得我們用心熟記：

● 切莫「先入為主」

第一印象基本上是由直覺發出的，對此不能不信，也不能全信。直覺是最純淨、最沒有價值判斷的，但是它往往也是最簡單、最直觀的。因此，不要光憑直覺待人處事，除非受過專業訓練，已達到老練的偵探或者淵博的心理學家的水準，否則太依賴直覺相當危險。

記住，全然聽信「第一印象」是幼稚的，甚至可能帶來危險。最適當的做法是加以驗證，如果後來觀察到的事實與第一印象不符，就應尊重事實，去除先入之見。

不了解事實眞相，就不可能明智地思考問題。

有些人在分析問題時，總喜歡像獵犬追捕獵物似的，一個勁地捕捉那些足以說明自己先入爲主觀點的事實，對其他情況不屑一顧，因而更加盲目。

人們常根據聽到或知道的、關於他人的情況，在見面之前就對別人做出評價，無視自己的判斷能力，一味信任自己的直覺。

判斷。

先入之見使人無法發揮真正的洞察力，必須努力克服。克服先入為主的最好方法，是把感情和事實嚴格區分開來，努力做到對事實客觀、公正，進行全面的分析

● 學會站在對方的角度看問題

有時候，我們常常百思不得其解，想著：「這個人為什麼會這樣呢？」

其實，只要在內心假設，處在相同的位置和情況，你會怎樣做，就會明白對方的行為了。

你也許會發覺，自己也不得不做出同樣的決定，甚至表現還更差。

「設身處地」，不僅有益於經營人與人之間的關係，也是了解別人最簡單的一個方法。以下，是一個常見的例子。

老李當小職員時，常常在背後議論科長太無能，「連一件小事也要考慮再三、優柔寡斷」，宣稱如果有朝一日自己能「掌權執政」，將如何如何，大有一番扭轉乾坤的氣勢。

不久，老李果然「如願以償」，結果業績也不過爾爾。

對此，他深有感觸地說：「看人挑擔不吃力。現在才知道辦一件事是多麼難啊！看來前任科長並非優柔寡斷，而實在是身不由己，在那樣的情況下還做了許多事，他真是不簡單啊！」

將心比心，設身處地，有助於更加深入地認識一個人。

• 保持適當的距離

西方有一句諺語，說出了一個很平常但又深刻的道理：「英雄的妻子，不知道自己的丈夫是英雄。」

事實常是這樣，對於朝夕相伴的人，一方面非常熟悉，好似閉上眼就能說出對方的十幾條特點；另一方面，也容易漠然視之，有什麼新變化、新發展，常常不甚注意。

要深入了解一個人，就應該長時間與他接觸。但是，這又會造成習慣上的盲點，有許多問題反而難以覺察，因為「臉挨著臉，就看不見臉」。

心理學研究表明，人與人之間恰如其分且正確的理解，無須經過長期的、過分親密的熟悉。若要更準確地使人們相互理解，必須透過最適合的時間和適度的密切程度。

長時期過於密切的相處，很可能歪曲相互理解的準確性，憑空抹上許多色彩，或過於高估對方。兩個互相要好的人，留給彼此的，一般都是美好的形象，這對於認識一個人是不利的。

從這個意義上，可以說「熟知並非真知」。

在與一個人結識的時間不過長、關係不過密時，頭腦最冷靜客觀，對於正確地認識此人是最適合的。

少一點偏執，就會少一點失誤

> 每個人都有自己的偏見，只有跳出感情的圈子，擺脫利益的束縛，心平氣和地觀察、了解一個人，才會有更清楚的認識。

要認識、判斷一個人，不妨先根據他留給自己的最初形象進行分類，然後再透過實際生活中逐步且有意識地觀察，看看是否符合假設。

如果全部符合，他就是我們原來假定的那種人；如果部分符合、部分不符合，他就是具有某種類型的人所具有的某些特徵，但不完全，一般以這種情況最多見。如果全部不符合，他就是另外一種類型的人：

大數學家高斯曾說過：「如果沒有某種大膽放肆的猜測，是不可能得到知識進展的。」現實生活也是這樣。

當然，運用這種方法，首要條件是自身已具備了識人的豐富知識，還應注意不要用先入為主的框架套人。分類是必要的，但更重要的是與事實是否相符。靈活，而不要偏執、死板。記住，一切僅僅是假設。

• 用比較的方法認識人

俗話說「不怕貨比貨，就怕不識貨」，識人也是如此。見的人多了，就會自然而然地感覺到張三與李四、李四與王五的不同了。

比較，是我們認識周圍世界並思考問題的一個重要方法；比較，在日常生活中隨處可見。

比較是人們普遍的心理狀態，沒有比較是不可能的，問題在於怎麼比才正確，才會收到良好的效果。如果只有橫向視野，沒有縱向視野，或者只看近不看遠，就會由此產生各種錯覺、猜疑和誤會，造成困擾。

比較，是認識一個人的好方法，它對於認識人，分辨出人們之間的微小差異有很大幫助，但必須慎用。

● 克服偏見，理性識人

正確地認識一個人之所以極其困難複雜，主要原因就在於感情對理性的干擾和影響，使我們常常迷失方向，走向歧路。

當我們認定某人是好人，他的一切就都變成好的了；當我們認定某人是壞人，一切就又都變成壞的了，甚至連對方以前做的好事也說成是「別有企圖」。感情，統治著人的內心，神秘且無所不在，有時甚至讓人覺得可怕。

培根說：「情感以無數的、而且有時根本覺察不到的方式，來渲染並感染人的理智。」

《聖經》中也說，當一個人情感激動時，「雖有耳朵，卻聽不見」。

每個人都有自己的偏見，可能是認識上的侷限，或感情上的偏愛。人們不會輕易就達到互相了解，即使有最美好的意願和最善良的目的，更何況惡意會把一切都破壞無遺，當偏見蒙住了人的眼睛，想要去除是相當艱難的。無論是證據、常識還是理性，都敵不過偏見的傷害。

只有跳出感情的圈子，擺脫利益的束縛，心平氣和地觀察、了解一個人，才會有更清楚的認識。

• 看看他周圍的人

認識一個人還有一個很簡便的方法，只要看看環繞著這個人的經常是些什麼人，大概就行了。

人們總是喜歡志趣相投的人，也總是喜歡與自己相似的人。安靜、樂於思考、性格內向的人，一般不會願意與大吵大嚷、輕浮、外向的人交往；行為主動、辦事沉著的人，一般不會喜歡結交行為被動消極或辦事急躁慌張的朋友。

當然由於各種原因，有時人們會結交與自己截然相反或者反差很大的人，但大多數情況下，真正打從內心喜歡的還是和自己相似的人。

長期的、穩定密切的相互聯繫，會使交往雙方在某些行為準則、性格特點、價值定向上變得相近或者相同。

不要單憑外在條件判斷進行

一個人的性格是多方面的，只有在實踐中考驗、識別一個人才是最可靠的，才能減少判斷失誤，認清身邊的好人和小人。

長期以來人們形成了一種觀念：好人必定言行端莊、眉清目秀；壞人總是猥瑣、獐頭鼠目的樣子。

其實，人的相貌好壞，與內在素質的優劣，並非都成正比。如果僅以相貌判斷人，最終必會失誤。

唐朝的安祿山，長得肥胖，肚子很大，一副忠厚的樣子。一次唐玄宗問他：

「你這肚子裡都裝些什麼玩意？」他立刻答道：「我的肚子裡，裝的只有對您老人家的赤膽忠心，別的什麼也沒有。」

唐玄宗聽了心花怒放，對安祿山越發信任，後來，卻發生安史之亂，可見人的表相並不可盡信。

• 獨立的思考很重要

傾聽別人的意見固然很重要，但聽過之後，自己還要再思考。當確信自己的觀察、認識正確後，就絕不可輕易被別人的言論左右，即使一百個人當中有九十九個人唱反調，也要堅持下去。

不過，要注意的是，不要被偏見、成見束縛而固執己見。如何把握好分寸，全在於自己是否冷靜、公正、客觀。尤其是年輕人，因為思想依賴性大，往往容易懷疑自己的直觀感覺，又容易受到外來意識的影響，輕易地動搖原先正確的判斷和見解。

任何人的見解都帶有一定的片面性和表面性，而且還常常染上好惡和感情色彩。如果將各種人的評價標準、鑑定意見加以比較，那麼不難看出，不同的人有著不同的評價標準，有些甚至是缺乏科學根據的臆測。

因此，成見不可有，定見不可無。

應記住，眼睛比耳朵更可靠，但是如果不能用頭腦進行認真的思考，那麼，眼睛看得再多，耳朵聽得再多，也毫無益處。

● 不要做極端的判斷

曾有人這樣寫道：「人，乃是宇宙間最錯綜、最完全的生物，結憐憫、友善、堅韌、頑強、智慧、高尚於一身；集自尊、自私、懶散、貪婪、愚昧、卑俗於一體。」

確實，一個人的性格是多方面的，儘管時常因一個側面的突出掩飾了其他的側面的存在。人都難免自我矛盾，在現實生活中，二乘二往往不等於四。

因此，不要做極端的判斷。作為社會人，心靈世界是極其複雜、極其豐富的，不可能只有單一顏色。

高爾基在他的長篇小說《三人》裡，曾經借主人公伊利亞的口說過這樣的話：

「如果一個人是壞的，也還有好的地方；如果一個人是好的，也還有壞的地方。我

們的靈魂是多色的，隨便什麼人都是如此。」

人性是不可能是單一的，假如你喜歡十全十美的標準人物，那麼或許能在文藝作品中得到滿足，但是窮極一生恐怕永遠也不會遇到。人想要達到完善、完美，還需經過漫長的「修練」，而且未必成功。

總之，只有在實踐中考驗、識別一個人才是最可靠的，才能減少判斷失誤，認清身邊的好人和小人。

僅僅憑外在條件就對一個人下定語，往往不可靠也不可取。

透過假象也能看出真相

不論是用人或者交往，都不要被假象迷惑，唯有透過現象看本質，才能發現具有真才實學之人，不會被魚目混珠之輩欺瞞。

在這個人人都想出頭的年代，人往往會處心積慮地塑造自己，試圖以完美的形象與表現出現在公眾面前，讓別人無法立即透視。但是，不管再怎麼會製造假象，只要仔細觀察，就能了解真相。

以下幾種人，即便不是「小人」仍須加以防範。

• 華而不實的人

這種人口齒伶俐、能說善道、口若懸河、滔滔不絕。初接觸，很容易留給人良

好印象，將他當做一個知識豐富、又善表達的人才看待。但是，必須分辨他是不是

華而不實。華而不實、巧於詞令的人，往往將許多時髦理論掛在嘴上，迷惑識辨力

差、知識不豐富的人。

三國鼎立時，北方青州一個叫隱蕃的人逃到東吳，對孫權講了一大堆漂亮的話，

對時局政事也做了分析，辭色嚴謹。孫權為他的才華動心，問陪坐的胡綜：「如

何？」

胡綜回答：「他的話，大處有東方朔的滑稽，巧捷詭辯有點像禰衡，但才不如

二人。」

孫權又問：「當什麼職務呢？」

又答：「不能治民，派他當個小官試試。」

考慮到隱蕃大講刑獄之道，於是孫權派到他刑部任職。

左將軍朱據等人都說隱蕃有王佐之才，為他的大材小用叫屈，因此隱蕃門前車

馬如雲，賓客盈門。當時人都奇怪這種有人說隱蕃好，有人說隱蕃壞的情況。到後

來，隱蕃作亂，事發逃走，被捉回而誅，才證明是個小人。

由此可見，對似是而非之人的辨識的確不易。

• 貌似博學的人

這類人多少有一些才華，也能旁及到其他各門各類的知識，喜歡高談闊論，似乎是博學多才的人。但相處久了就會發現博而不精，有欺人耳目之嫌。貌似博學者大多是青少年時代讀了些書，興趣愛好都還廣泛，但是因為才能有限，或者學習條件與環境受限制，終究未能更上一層樓。

待學習的黃金年齡一過，雖有專精的願望，但已力不從心，最終學識停留在少年時代的水準上，不能再進一步。即便可能得到深造機會，由於意志力的軟弱，也只能再學到一些新知識的皮毛。這種人是典型的志大才疏。

• 不懂裝懂的人

不懂裝懂的人在生活中著實不少，尤其以成年之後為甚，這完全是因為愛面子、怕人嘲笑的緣故。

不懂裝懂的人是可怕的，會因此給團體或企業帶來許多損失。還有一類不懂裝懂的人是為了迎合討好某人，這種情況，有的是違心而為，在特殊場合下不得不如此，有的則是拍馬屁，一味奉承。

• 濫竽充數的人

這一類人有一定的生活經驗，知道如何明哲保身，維護個人形象。總是在別人後面發言，講前面的人早講過的觀點和意見。如果整合得巧妙，會使人不能覺察濫竽充數的本質，反而當做精闢見解。

這種人往往有他的難處，如南郭先生一樣，只是為了混一口好飯吃。如果沒有其他壞心思，倒也不礙大事，否則就要趁早炒魷魚，或加以疏遠為妙。

• 避實就虛的人

這類人多少有一點才幹，但總嫌不足，只好用一些旁門左道的辦法坐到某個職位上去。當面對實質性的挑戰時，比如現場提問，因無力應付，通常圓滑地採用避

實就虛的技巧處理。

按理說，這也是一門本事，當副手也還無大礙，但要小心他們冷不防捅出無法彌補的大紕漏。

• 鸚鵡學舌的人

自己沒有什麼獨到見解和思想，但善於吸收別人的精華，轉過身來就對其他人宣揚，也不講明是聽來的，不知情的人自然會把他當高人看待。

這種行為，說嚴重一點，是剽竊，因為不用負法律責任（如果以文字的形式出現，比如論文、書刊，則性質比言論要重得多），不少人十分熱衷。這種人雖然沒什麼實際才幹，但模仿能力強，未嘗不是一種長處，可加以利用。

• 固執己見的人

不肯服輸，不論有理無理都是一個樣，這類理不直但氣很壯的人，生活中處處可見。對待他們，較好的辦法是敬而遠之，不和他們爭論。如果事關重大，則必須

設法加以說服。

　　首先應該仔細分析這類人固執的原因：如果本來賢明而一時糊塗者，只要以理說之，並據理力爭，多半能說服；私心太重而沉迷不醒者，可以用迂迴曲折之道，半探半究地講到他心坎上去；實在是個糊塗蟲，不可理喻，就動用權力強迫他接受。

　　世間有許多假象，人身上也有許多似是而非的表象，看似優點，實則為致命的缺點。不論是用人或者交往，都不要被假象迷惑，唯有透過現象看本質，才能發現具有真才實學之人，不會被魚目混珠之輩欺瞞。

小心，小人就在你身邊

只有擦亮自己的雙眼，練就一雙火眼金睛，學會看透人心，才能免在這個紛繁複雜的社會中受無辜的傷害！

俄國諷刺作家克雷洛夫曾經寫道：「通常小人像極了兩種動物，一種是哈巴狗，另一種則是禿鷹。」

因為，當你得勢的時候，小人就會像哈巴狗一樣圍繞在你身邊拼命搖尾，一旦你失勢的時候，這些原本圍繞在你身邊的小人，非但不會出手幫你，反而會像禿鷹一樣，爭相搶食你身上所剩無幾的「殘肉」。

因此，你必須認清小人的兩種嘴臉，不讓小人有絲毫靠近自己身邊的機會。

你是否曾爲識人困難而苦惱過？

其實，大可不必，因爲人的一半是天使，一半是魔鬼。純粹的君子是不存在的，爲了一己之利，處處都有小人，如果不能發現、防範，不能和小人處理好關係，你就會常常吃虧。

這首先要從人性談起：第一，天下熙熙，皆爲利來；天下攘攘，皆爲利往。誰沒有私心，誰沒有慾望，人生一世，誰不渴望轟轟烈烈？

爲了實現自己的理想、達到自己的目的，有人不擇手段，有人背叛人性，所以總有小人出現！

第二，人爲財死，鳥爲食亡。從商者爲了收斂錢財，更是爾虞我詐，商場如戰場；爲了得到心儀的女人，爲了評上職稱……太多的誘惑造就了太多的追逐。在追逐慾望的過程中，每個人的人性都將得到洗練。

是高尚的還是卑鄙的，是君子還是小人，在利益面前都會圖窮匕現，而小人正是爲自己「打算盤」的人。

不是人性太壞，而是這個世界慾望太多、變得太快，讓初出茅廬的你就像霧裡看花，水中望月，怎麼也琢磨不透。

世界如此之大，在利益的驅使之下，什麼鳥都飛出來了。為了尋求屬於自己的食物，各自糾纏不休，小人也就出現在你的身旁。

小人做事做人從不守正道，以邪惡的手段來達到目的。

他們喜歡造謠生事，且都另有目的，並不是以造謠生事為樂；他們喜歡挑撥離間，為了某種目的，可以用離間法挑撥同事間的感情，製造不合，好從中得利。他們喜歡拍馬奉承，在上司面前說別人的壞話。他們喜歡陽奉陰違，喜歡「西瓜偎大邊」，誰得勢就依附誰，誰失勢就拋棄誰；喜歡踩著別人的鮮血前進，也就是利用你為自己開路，而你的犧牲他們根本不在乎。他們喜歡落井下石，只要有人跌跤，會追上來再補一腳；喜歡找替死鬼，明明自己有錯卻死不承認，硬要找個人來背罪；喜歡把自己的歡樂建立在別人的痛苦上。

害人之心不可有，防人之心不可無。特別是在現代社會，隨著經濟的不斷發

展，通訊工具日趨發達，人與人之間的聯繫更加緊密。

我們沒有刀槍不入的金剛之軀，面對變幻莫測的世界，小人並沒有特別的樣

子，臉上也沒有寫上「小人」二字，有些小人甚至還長得帥又漂亮，有口才也有內

涵，一副「大將之才」的模樣，根本讓你想像不到。這時，我們只有擦亮自己的雙

眼，練就一雙火眼金睛，學會看透人心，才能免在這個紛繁複雜的社會中受無辜的

傷害！

小人？

小人難辨，小人難防。在利來利往的生活中，究竟該如何識別小人？如何防範

小人？

先看清個性，才能避免小人危害，正是現實社會的生存之道。

:

你不能不防的四種小人

和牆頭草這種人，以禮相待就可以了，不必有利益、人情上的往來，以免他沒事就來打擾你，這可不是好事。

要提醒你小心應付辦公室裡的某些人，實在是件令人傷感的事。當然，不用提防別人的日子是比較好過，可是，如果不小心應付，分辨不出真話和謊話，便有吃虧的可能性。

話雖如此，如果過著時時提防、處處小心的日子未免太累，所以在一般情況下，只要小心應付以下這些最愛說謊類型的人就可以了。

1. 甜嘴巴。

這種人不管他和你認識多久，他們總是表現得自然又親熱。他們還非常喜歡恭維你，拍你的馬屁，經常把你哄得舒舒服服的。當然，這並不表示所有嘴巴甜的人，就是壞人。而是因爲這種人嘴巴伶俐，容易使人心不設防，如果他對你心懷不軌，你的陶醉會讓你來不及有所防備。

2. 笑面人。

這種人看起來好像沒有脾氣一樣，不管你怎麼罵他、打他、羞辱他，他都表現得笑瞇瞇的，縱然心裡有再大的不滿，也都擺在心裡，讓你看不出來情緒。這種人也不見得一定是壞人，因爲他的個性就是如此，成天笑臉迎人，深怕得罪人。只是，如此一來，你就搞不清楚這種人心裡在想些什麼，也無法從外在的表情或行爲，了解到他的好惡及情緒波動。

碰到這種笑面人，眞的讓人無從對應，因此，當他對你別有企圖時，你是很難有所防備的。如果遇到這種人，你要避免流露出內心的秘密，更不可和他談論私人的事情，和他保持禮貌性的交往即可。

3. 假面人。

這種人像戴上面具一樣，對於個人的資訊非常保密，也不讓你知道他對事情的看法，你無從了解他，也不知道是不是應該提防他。

認識到這樣的朋友，最好的辦法就是保持距離。

4. 牆頭草。

這種人最大的特色便是見利忘義，見風轉舵，哪邊好往哪靠邊。既然他們的待人處世是以獲取私人利益作為目的，自然會為了利益而背叛良心、傷親害友。這樣的人，今天跟你好，明天也可能將你害。

所以，和這種人相處，以禮相待就可以了，不必有利益、人情上的往來，甚至寧可故意向他顯示你「無利可圖」的一面，以免他沒事就編些謊話來誆騙你，這可不是好事。

想生存，就得練就識人的眼睛

在職場中，無論面對朋友還是同事或者下屬，都要具有一雙識人的眼睛，看清自己生存奮鬥的環境，趨利而避害，擺好自己的位置。

想要瞬間看穿一個人，不能光看他表現出來的那面，也不能光聽他說出來的話語，而要從細微之處觀察。

真正有真才實學的人，不會在人前賣弄才學，而是將滿腹經綸化為謹慎謙恭的態度。相反的，那些人前顯擺、高談闊論的人，不一定是真正的人才。

想要了解一個人，當他前途順利時，就看他尊敬的是什麼人；當他顯貴時，就看他任用的是什麼人；當他富有時，就看他交往的是什麼人。

聽了他的言論還要看他怎麼做，當他空閒時看他的愛好是什麼，和他熟悉之後

就看他的言語是否端正，當他失意時看他是否有所不受，當他貧賤時觀察是否有所不為。

在職場中，一雙慧眼可使人才聚於麾下，無往而不勝。

「人是公司最好的產品」，這句話出自於日本著名企業家松下幸之助，他可稱為是第一個看透人才價值的人。一般產品對於公司來說不過是換取金錢，而人才這種特殊商品，對於公司來說，除了創造價值之外，還能夠激發出企業團結合作的巨大潛能。

所以有人說：「愚蠢的商人花錢，聰明的商人用人。」

在職場中，無論面對朋友還是同事或者下屬，都要具有一雙識人的眼睛，看清自己生存奮鬥的環境，趨利而避害，擺好自己的位置，才能夠無懼人生的風雨，做一個成功人士。

如果你的上司是菁英，絕不可滿足於唯命是從。碰到這種上司，一定要虛心學

習他的長處，提高自己的才能。天下沒有不散的筵席，當曲終人散時，別人都受益

匪淺，只想依附他人的你卻可能兩手空空。

　　如果你的同事是菁英，而彼此又志同道合，大可聯手創一番轟轟烈烈的事業。

通，你不妨助他成功，自己多少也落得個識才的美名。

　　如果一山不能容二虎，則可各施所長，在各自的領域一爭高下。如果以上都行不

納菁英人才為部下，你應有自知之明，知道他終非池中之物，有朝一日定會超

過自己。這時，你就要虛心地接納他，給他有益的資助與肯定。這種做法可以稱之

為「投資」，到時候一定有利潤可回收。

學習與下屬中的小人相處

對付陰險狡詐的下屬有時也可以用欲擒故縱的方法，等到原形畢露之時，再巧妙揭穿他罩在臉上虛偽狡詐的面紗。

古羅馬思想家西塞羅曾說：「在所有墮落的行徑中，沒有比偽君子更加邪惡了，偽君子總是在最虛假的時候，小心翼翼地裝出最善良的模樣。」

的確，如果你身邊的人就是這種表面上和你交好，骨子裡卻握著刀劍，那麼就必須特別小心留意，因為，這種偽君子通常比真小人更加兇惡，只要一防範不周，必定蒙受大害。

小人是最惹人厭的，碰上這樣的下屬，可得小心應付。

● **對付愛嘮叨型下屬的方法**

這種類型的人承受壓力的能力有限，遇事便忙成一團，無法穩定，心態動盪，好嘮叨。對待這類下屬可用以下方法：

1. 多用眼、少用嘴

如果你的下屬是這種嘮叨型的人，在安排工作時，事先把該交代的一切都講得一清二楚，不要留下漏洞，以免讓他有更多詢問或逃避的機會。

2. 不要發怒

在他嘮叨時，千萬不要發怒，盡量以冷靜的微笑對待。既表示尊重，又使他不知你的底細，從而使他逐漸少講或不講話。

3. 培養信任

當你必須回答他的嘮叨時，一定要做到回答得有份量，令他心服口服，有了信任感，他便會言聽計從。

4. 不出爾反爾

搞清情況後再發言，絕不能出爾反爾。否則，會留下讓他饒舌的餘地。

● 如何對付自作聰明的下屬

自作聰明的下屬，往往不能徹底貫徹上司的意志，老是幫倒忙。他總認為自己的主意要比上司的高明，在執行任務的過程中自作主張，改變上司的意圖。對於這樣的下屬，雖然氣憤，但又不好意思罵他。因為這會使他以後不幫你，甚至產生反感。試想，若有人全心全意地為你解決問題，你不但不欣賞，還罵他一頓，這感覺會好受嗎？

既然罵不得，那就採取「軟招」攻勢。首先，多謝他的誠意和幫忙，從正面肯定價值，之後再從側面解釋一下他犯的錯誤，最後再為他的錯誤找個台階下。甚至可以在最後把錯誤歸在自己身上，說是自己解釋不全，才會害得他白費精力，相信他必會誠心地接受意見。

● 如何對付自私自利的下屬

其實，只要適當引導，不難將自作聰明的員工訓練為有用的員工。

對付這樣的下屬，應該用以下方法：

1. 滿足正當要求。

與這類的下屬相處，對他們的合理要求應給予滿足，使他了解到你絕不爲難他，相當公正。

2. 拒絕不合理要求。

對於他的不合理要求，委婉地列舉出不能辦的各種原因之後，巧妙地勸阻不要得寸進尺。

3. 辦事公平。

如果下級中有這樣的人，當你制定利益分配計劃時，要充分發揮同事的監督作用，將計劃公佈於眾，使大家感到是在公平情況之中進行利益分配，如此便可避免無謂糾紛與糾纏。

• 如何對付陰險狡詐的下屬

陰險狡詐的人屬於卑鄙的小人，爲了自己的利益，什麼事都能做得出來。他們

採取各種手段，騙取上司的信任，逐步奪取上司的權力，最終完全加以取代，是一種十分陰險狡詐的小人權術。

這樣的下屬，善於背後使壞，暗裡插刀，放冷箭，打黑槍，讓你拿不準他什麼時候給你一腳，而且小人之腳往往陰狠毒辣，上司若是防備不及，則必遭大劫，落得身敗名裂，後悔莫及的下場。

作為上司，為了不至於遭陰險狡詐的下屬暗算，還是防範為妙。

首先，要明辨是非，不偏聽偏信小人的話。小人皆是口蜜腹劍，嘴上甜甜蜜蜜，心裡卻暗藏禍心，這正是陰險狡詐之處。對付這樣的下屬，要洗淨耳根仔細聽，要善於抓住話中的關鍵，認真思考分析他說話的目的。

其次，放長線，釣大魚。小人一般都有得志便威風的毛病，對付陰險狡詐的下屬，有時也可以用欲擒故縱的方法。先假裝不知，讓他盡情表演，等到原形畢露之時，再巧妙揭穿他罩在臉上的虛偽狡詐的面紗，不給他容身之地。

別被馬屁精摸清了自己的心

當你受到來自別人的讚美時，不要忘了一切、迷失方向，要小心同事不良的動機，提防他對你別有用心。

善於討好諂媚的小人在各行各業中都可以找到，這類人有一項基本特徵，就是永遠順從指示，無論在什麼場合，只曉得做一種動作——點頭同意上司說的每一句話。

這類人內心有一份揮之不去的恐懼，連提出自己意見的能力也逐漸被遺忘或根本喪失了。

在他們心裡，只相信一個真理：同意上司的所說的話，會令上司對自己有好感，反駁上司的話，只會造成不必要的麻煩。

愛諂媚的人總會有這樣的念頭：許多上司雖然口口聲聲表示自己很民主，樂於聽取各方面的批評或意見，其實最討厭下屬指出他們的不足，因為這無形中損傷了權威。絕大多數上司都喜歡下屬贊成自己的提議或想法。

愛諂媚的人不斷找尋一位強有力的上司以保護他們，至於什麼個人尊嚴，早已全丟在九霄雲外。他們最大的目標，就是使自己的「靠山」高興、順心，其他一切都不管。

身為上司，利用他們替自己辦些私人瑣事倒是相當理想的，在這方面，他們一定能辦得安安貼貼。

簡單來說，他們全無主見，亦無真才實學。

這類人之所以能夠在公司內生存，乃是由於他們看透了人性愛聽奉承話的弱點，加上奉承有術，才能風光一時。

對付這類人，最適當的處置方法便是降級或調到另一部門工作，作為一種警戒。當然，只有精明的上司才會這樣做。

樂於諂媚的人不僅擅長巴結上司，就是面對同僚，也懂得奉承的道理，因為恭

維讚美的話人人都喜歡聽，就算是平時不喜歡的同事向你說好話，心裡也免不了喜

悅，覺得他變得不那麼討厭了，不是嗎？

但當你受到來自別人的讚美時，不要忘了一切、迷失方向，要小心同事不良的

動機，提防他對你別有用心。

如果某位同事對你非常信服，常常當眾奉承你，聲稱：「在我們公司裡只有你

可以勝任這項工作。果然不出我的所料，你把事情做得太棒了。」或者說：「你真

有能力，無論什麼事情交給你去做，必定裡裡外外的人都滿意，如果這件事交給別

人去做，就不會有這樣的好結果。」

種種恭維的話不斷向你飛來，不要高興得太早，即使你確實如他所說的有才

華，但這些話聽在別人的耳朵裡，卻可能導致反感。這時應該仔細想想，這位同事

當眾誇你的目的是什麼？

如果他故意抬高你的功績，製造你高不可攀的形象，是為了讓其他人看不順

眼，就要小心提防。

遇到這種情況，不妨公開說道：「你過獎了，這件事讓你去做，同樣也可能做得非常出色，我跟你並沒有太大區別。」

或者是私下告誡他：「多謝你的誇獎，不過我不太喜歡這樣，以後請不要公開說讚揚我的話。」

工作場合常常有同事喜歡故意捉弄別人，所以，遇到別人誇張恭維，千萬不要認真，不加理會較好。

你只要保持頭腦冷靜，不被誇獎沖昏頭腦，就不會受到馬屁精型小人的威脅，或成為被利用的對象。

別裝了，你就是這樣的人！

作　　者　左逢源
社　　長　陳維都
藝術總監　黃聖文
編輯總監　王　凌
出 版 者　普天出版家族有限公司
　　　　　新北市汐止區忠二街 6 巷 15 號
　　　　　TEL / (02) 26435033 (代表號)
　　　　　FAX / (02) 26486465
　　　　　E-mail：asia.books@msa.hinet.net
　　　　　http://www.popu.com.tw/
　　　　　郵政劃撥 19091443 陳維都帳戶
總 經 銷　旭昇圖書有限公司
　　　　　新北市中和區中山路二段 352 號 2F
　　　　　TEL / (02) 22451480 (代表號)
　　　　　FAX / (02) 22451479
　　　　　E-mail：s1686688@ms31.hinet.net
法律顧問　西華律師事務所‧黃憲男律師
電腦排版　巨新電腦排版有限公司
印製裝訂　久裕印刷事業有限公司
出 版 日　2021 (民 110) 年 12 月第 1 版
ISBN◎978-986-389-798-9　　　條碼 9789863897989
Copyright◎2021
Printed in Taiwan, 2021 All Rights Reserved

溝通智典

32

國家圖書館出版品預行編目資料

別裝了，你就是這樣的人！／

左逢源著.—第 1 版.—：新北市,普天出版

民 110.12 面；公分. -（溝通智典；32）

ISBN◎978-986-389-798-9（平裝）